Emil Strohal

Die Anfechtung letztwilliger Verfügungen im deutschen Entwurf

Emil Strohal

Die Anfechtung letztwilliger Verfügungen im deutschen Entwurf

ISBN/EAN: 9783743611290

Hergestellt in Europa, USA, Kanada, Australien, Japan

Cover: Foto ©Suzi / pixelio.de

Manufactured and distributed by brebook publishing software (www.brebook.com)

Emil Strohal

Die Anfechtung letztwilliger Verfügungen im deutschen Entwurf

Die Anfechtung letztwilliger Verfügungen im deutschen Entwurf

von

Dr. Emil Strohal.

Festschrift

zum

fünfzigjährigen Doctor-Jubiläum

des

Herrn Geheimen Justizrathes und Professors

Dr. Rudolf von Jhering

überreicht

von

der Juristen-Facultät in Graz.

Graz.

Leuschner & Lubensky,

k. k. Universitäts-Buchhandlung.

1892.

K. f. Universitäts-Buchdruckerei „Styria", Graz.

Hochverehrter Herr Jubilar!

Zehn Lustra sind es, seit Sie das Fest Ihrer Promotion zum Doctor beider Rechte feierten. Heute feiert die Rechtswissenschaft die Wiederkehr dieses Tages und grüßt Sie als Führer und Meister.

In unermüdlicher Arbeit haben Sie das Tagewerk der Wissenschaft geübt; aber nicht Fundstücke staubbedeckter Gelehrsamkeit haben Sie aus den Tiefen geholt, sondern den Geist des Überlieferten geweckt, den „Geist des römischen Rechtes". Und dieser Geist, der die römischen Juristen unsterblich machte, leuchtet nun aus Ihren eigenen Werken, seit dem Tage, da Sie Ihr erstes Wort „de hereditate possidente" sprachen, bis Sie jüngst erst, zu diesem Ihrem eigensten Felde der Besitzlehre zurückkehrend, der Wissenschaft neues Licht entzündeten.

Die ausgetretenen Pfade der speculativen Rechtslehre verlassend, haben Sie uns den Wahrspruch gegeben — einfach wie jeder große Gedanke —: „Es gibt keinen Rechtssatz, der nicht einem Zweck seinen Ursprung verdankte." Immer und immer wieder haben Sie die Beziehung der Lehre zum Leben und dessen Aufgaben gesucht und gefunden, und uns so den Weg gewiesen „durch das römische Recht über das römische Recht hinaus".

Das ist's, was die Wissenschaft allezeit als Ihre That preisen wird. Allein, sie wird darüber nicht vergessen, was Sie der akademischen Jugend Deutschlands und — ein glückliches Geschick hat das gefügt — durch eine Reihe von Jahren auch der unseres Österreichs gewesen sind; denn von Generation zu Generation haben Schaaren von Jünglingen Ihrem zündenden Worte gelauscht. Sie verkünden heute den Ruhm ihres Lehrers in unerschütterlicher Liebe und Dankbarkeit.

Und wie Sie der „cupida legum juventus" Begeisterung einzuflößen verstanden, so vermochten Sie, wie kein anderer, die Probleme der so oft trocken gescholtenen Rechtswissenschaft dem Gelehrten und dem Laien nicht bloß verständlich, sondern auch genußreich zu gestalten. So hallt denn Ihr Wort weit hinaus über die Mauern der Akademie, wenn Sie den „Kampf ums Recht" verkünden, und nicht minder, wenn Sie, die Wissenschaft auf Abwegen sehend, mit kühnem Muthe es unternehmen, „ridendo dicere verum".

Wir aber, hochverehrter Jubilar, indem wir diese kleine Gabe zu Ihrem Feste darbieten, richten unsere Blicke auf Sie in innigem Danke und hoher Freude — Dank für das, was Sie unserer Wissenschaft geleistet, Freude darüber, daß die Vorsehung es ihnen gegönnt hat, diesen Tag in ungeschwächter und hoffnungsvoller Arbeitskraft zu erschauen.

Graz, 5. August 1892.

Die Grazer Juristen-Facultät.

Dr. Ferd. Bischoff,
b. z. Decan.

Die Anfechtung letztwilliger Verfügungen im deutschen Entwurf.

Übersicht.

	Seite
Vorbemerkungen	1— 6
I. (§ 1779)	7—12
II. (§ 1780)	12—17
III. (§ 1781; Voraussetzung bei letztwilligen Verfügungen)	17—38
IV. (Vorschlag und Begründung einer die §§ 1779—1781 und § 1787 ersetzenden Bestimmung)	38—43
V. (§ 1782)	43—51
VI. (§ 1783)	51—57
VII. (§ 1784)	58—60
VIII. (§ 1785)	61—69
IX. (§ 1785; Änderungsvorschläge)	69—73
X. (§ 1786)	73—81

Vorbemerkungen.

Seit der Veröffentlichung des Entwurfes eines bürgerlichen Gesetzbuches für das Deutsche Reich gibt es für die civilistische Dogmatik keine größere und wichtigere Aufgabe, als die Beschäftigung mit demselben. Obwohl aus Österreich kommend, entnimmt deshalb die vorliegende Festgabe dem deutschen Entwurfe ihren Stoff.

Wenn man freilich erwägt, daß über den Entwurf schon eine ganz stattliche Bibliothek zusammengeschrieben worden, ja daß sogar die mit der zweiten Lesung betraute Commission länger als ein Jahr wieder an der Arbeit ist, so möchte es fast scheinen, daß der Entwurfsbesprechung endlich genug sei, und man jetzt lediglich mit Geduld und Vertrauen das Resultat der zweiten Lesung abzuwarten habe. Und doch verhält es sich anders.

Noch niemals ist die Codification des gesammten Civilrechtes unter schwierigeren Verhältnissen in Angriff genommen worden, als eben jetzt in Deutschland, und nur durch unvergleichliche Erfolge auf anderem Gebiete verwöhnter Optimismus konnte erwarten, daß hier schon der erste Wurf gelingen werde.

Sind doch auch diejenigen Erfolge, deren jeder Deutsche mit gerechtem Stolze sich heute erfreut, nicht im ersten Anstürme, sondern erst nach harten Kämpfen und herben Enttäuschungen errungen worden! Und wie es dem deutschen Volke auf politischem Gebiete überaus schwer geworden ist, um endlich „in den Sattel" zu kommen, so wird es ihm auch jetzt nicht leicht, sein bürgerliches Recht zu unificieren. Die letzten Gründe der Codificationsschwierigkeiten sind: Die jahrhundertelange Rechtszersplitterung einerseits, und die eigenthümliche Beschaffenheit der gemeinrechtlichen Wissenschaft andererseits. Infolge der ersteren fehlt es an einem ausreichenden Bestande ausgereifter Rechtssätze, hinsichtlich welcher man sicher sein kann, daß sie dem allgemeinen Rechtsbewußtsein entsprechen; vermöge der letzteren mußte der erste Versuch der Herstellung eines gemeinsamen bürgerlichen Gesetzbuches nothwendig dem Doctrinarismus verfallen.

Daß sich eine gemeinrechtliche Jurisprudenz trotz der Rechtszersplitterung überhaupt entwickeln konnte, ist gewiß als Segen zu betrachten, und wir Juristen in Österreich sind hievon umso überzeugter, je besser wir wissen, daß unsere Civilistik ohne die Verknüpfung mit der deutschen Wissenschaft unheilbarer Verkümmerung verfallen wäre. Wie hoch man die gemeinrechtliche Jurisprudenz aber auch immer stellen mag, so ist doch die Thatsache nicht zu verkennen, daß das große Codificationswerk durch dieselbe nicht nur nicht erleichtert, sondern wesentlich erschwert worden ist.

Seitdem wir so reichlich vom Baume der Erkenntnis genossen haben, ist es vor allem mit jener glücklichen Unbefangenheit gänzlich vorbei, mit der man Codificationen des bürgerlichen Rechtes noch zu Ende des vorigen und bei Beginn dieses Jahrhunderts unternehmen konnte. Eine grundgelehrte, tiefbohrende und weitausgreifende, von Decennium zu Decennium verfeinerter und skeptischer gewordene Rechtswissenschaft macht dem heutigen Codificator die scheinbar einfachste Gesetzgebungsfrage zum schwierigen Problem, läßt denselben aber zumeist wieder im Stiche, sobald es sich um die praktisch zutreffende Lösung selbst handelt. Letzteres hängt wesentlich damit zusammen, daß sich der von der gemeinrechtlichen Doctrin behandelte Stoff mit dem der neuen Codification keineswegs deckt. Der weitaus größere Theil des ersteren hat eben schon längst aufgehört, lebendiges Recht zu sein, und dasjenige Recht, welches in Deutschland wirklich lebt und nun einheitlich codificiert werden soll, ist abermals zum weitaus größeren Theile ein ganz anderes, als das sogenannte gemeine Recht.[1] Diesen Sachverhalt richtig erkennend und doch zugleich bestrebt, ihre führende Stellung zu behaupten, hat sich die gemeinrechtliche Wissenschaft in letzter Zeit mit ganz besonderer Vorliebe Fragen zugewendet, welche, weil sie allgemein gestellt werden konnten, auch eine allgemein giltige Antwort zuzulassen schienen. So entstand allgemach die Begriffs Jurisprudenz, d. h. die abstracte juristische Speculation, der übertriebene Cultus des Logischen ohne alle Rücksicht auf die praktische Function der Rechtssätze, die exacte Ermittelung juristischer Wahrheiten für den luftleeren Raum.

Die unter solchen überaus ungünstigen Verhältnissen noch in des juristischen Doctrinarismus Maienblüte zur Ausarbeitung des deutschen bürgerlichen Gesetzbuches berufene erste Commission stand so vor einer Aufgabe, welche in ihrer Art um nichts weniger dornenvoll war, als die in der Frankfurter

---

[1] Vgl. hiezu Sohms schöne Abhandlung: Die deutsche Rechtsentwicklung und die Codificationsfrage in Grünhuts Zeitschrift, Bd. I, S. 245 ff.

Paulskirche vom glänzendsten Parlamente, das Deutschland je gehabt hat, versuchte Herstellung des deutschen Nationalstaates. Hier wie dort handelte es sich um einen völlig unvermittelten Sprung vom Wort zur That, von der grauen Theorie zum praktischen Schaffen, und hier wie dort wäre sofortiges Gelingen nur durch eines jener Wunder möglich gewesen, welche außerhalb aller Erfahrung liegen. Allein den Deutschen entmuthigt nicht der Mißerfolg, sondern er wird ihm nur ein Antrieb zur Anspannung der höchsten Kräfte, um dann durch diese das angestrebte Ziel besser und vollkommener zu erreichen, als wenn sie ihm erspart geblieben wäre. Und so kann und soll es auch mit dem deutschen bürgerlichen Gesetzbuche werden, denn „welchem Volke Gott wohl will, dem schenkt er nicht das Recht, noch erleichtert er ihm die Arbeit, sondern dem erschwert er dieselbe. Der Kampf, den das Recht erfordert, ist nicht ein Fluch, sondern ein Segen" (Jhering, Kampf ums Recht).

Daß im deutschen Volke die Kraft zur Codification in großem Stile vorhanden ist, beweisen die deutsche Wechsel-Ordnung und das deutsche Handels-Gesetzbuch, und in annähernd ähnlicher Weise muß es auch gelingen, den freilich ungleich schwierigeren und umfangreicheren Stoff des allgemeinen Civilrechtes zu bewältigen. Davon ist man aber vorläufig schon aus dem Grunde ziemlich weit entfernt, weil ein sehr großer Theil der Mängel des ersten Entwurfes, und zwar gerade solcher, welche für die von den Redactoren beobachtete Methode symptomatisch sind, noch nicht einmal scharf herausgestellt ist.

Von dem nicht unbegreiflichen Bestreben geleitet, alles auf dem Gebiete der Codification des Privatrechtes bisher Geleistete an Tiefe und Gründlichkeit zu überbieten, glaubte die erste Commission ihren Beruf zur Gesetzgebung insbesondere auch dadurch documentieren zu sollen, daß sie, an einfachen und natürlichen Resultaten fast niemals das Genügen findend, die legislativen Probleme constructiv complicierte; und wie sie hiedurch in nicht allzu seltenen Fällen die Übersicht über den Stoff selbst verlor, so hat sie es zugleich auch der Kritik überaus schwer gemacht, in dem Gewirre der vielfältig sich verschlingenden Bestimmungen des Entwurfes sich zurecht zu finden. Auch nur zu ermitteln, was der Entwurf eigentlich will, bedarf gar oft des mühevollsten Studiums, und erneutes Studium muß dann erst wieder aufgewendet werden, um die Fehlerquelle aufzudecken. Und doch darf man sich diese Mühe nicht verdrießen lassen, wenn man dazu beitragen will, daß der Entwurf aus der zweiten Lesung in wesentlich verbesserter Gestalt hervorgehe.[2]

Die nachstehenden Ausführungen beschäftigen sich mit der Anfechtung letztwilliger Verfügungen[3] im deutschen Entwurfe, d. i. mit den §§ 1780 bis 1787 desselben; wegen des untrennbaren Zusammenhanges der berufenen Bestimmungen mit § 1779 ist jedoch auch dieser in die Darstellung mit einbezogen worden.

---

[2] Vgl. hiezu besonders Dernburg im Vorwort zur zweiten Auflage seiner Pandekten, und Bierke in der Beilage zur „Münchener Allgemeinen Zeitung" 1891, Beil.-Nrn. 75 u. 76.

[3] Auf die Anfechtung von Erbverträgen wird kein Bezug genommen; denn über sie ließe sich Befriedigendes nur sagen in einer den Erbverträgen insbesondere gewidmeten Untersuchung. Hier könnte die Hereinziehung dieser Lehre nur Verwirrung schaffen.

Von besonderer Vorliebe für das behandelte Thema weiß ich mich frei, und dies ist für mich insofern von Vortheil, als ich den einschlägigen Fragen mit voller Unbefangenheit gegenüberstehe. Für meine Wahl war vielmehr bestimmend, daß ich Gelegenheit suchte, zu zeigen, wie eine aus hervorragenden Juristen zusammengesetzte Gesetzgebungs-Commission selbst an den einfachsten Fragen scheitern kann, wenn ihr das Einfache zu einfach ist.

I.

Man ist allgemein darüber einig, daß letztwillige Verfügungen nur insoweit Giltigkeit haben sollen, als sie dem Willen des Verfügenden wirklich entsprechen. Diesen Gedanken zu gesetzgeberischem Ausdruck zu bringen, ist der Entwurf in seinem § 1779 bestrebt:

Stimmt bei einer letztwilligen Verfügung der wirkliche Wille des Erblassers mit dem erklärten Willen nicht überein, so ist die letztwillige Verfügung nichtig. Die Vorschriften des § 95, des § 97, Abs. 2 bis 4, und des § 99 finden keine Anwendung.

Mit Rücksicht auf die wesentlichen Änderungen, welche der die „Willensmängel" behandelnde fünfte Titel von Abschnitt IV des allgemeinen Theiles bei der zweiten Lesung erfahren hat,[1] läßt sich schon heute mit Sicherheit behaupten, daß auch § 1779 nicht ungeändert bleiben wird. Nachweisung der Fehlerhaftigkeit dieser Bestimmung wird aber dadurch nicht überflüssig; denn Veränderung bedeutet nicht nothwendig Verbesserung.[2]

---

[1] Vgl. insbesondere §§ 95, 97, 98 **erster** Lesung mit den §§ 91, 93, 94 **zweiter** Lesung.

[2] Für eine wesentliche Verbesserung halte ich es aber allerdings, daß in den Note 1 berufenen Paragraphen **zweiter** Lesung von Nichtübereinstimmung des „wirklichen Willens" mit dem „erklärten Willen" nicht mehr gesprochen wird. Vgl. aber auch Bähr: Gegenentwurf, §§ 108 und 1606.

Schon von anderer Seite ist gegen § 1779 erinnert worden, daß derselbe in den durch ihn getroffenen Fällen mit Unrecht „Nichtigkeit" statt „Anfechtbarkeit" statuiere.³ Ich halte diese Bemängelung für nicht unbegründet und werde auf sie später noch zurückkommen. Weitaus wichtiger ist jedoch folgender Punkt: § 1779 läßt Ungiltigkeit in viel zu weitem Umfange eintreten, auch dort, wo Aufrechterhaltung der Verfügung in Verbindung mit entsprechender Correctur am Platze wäre. Nachstehende Beispiele mögen diese Behauptung erweisen.

1. Ein Erblasser hat verfügt: „Ich vermache der mir seit Jahren bekannten und von mir hochgeschätzten Adoptivtochter meines Freundes Werner, Fräulein Rudolfine Werner, 10.000 Mark." Nun stellt sich aber beim Tode des Erblassers heraus, daß dessen Freund Werner keine Adoptiv-, sondern nur eine Pflegetochter hat, deren zwar in Aussicht genommene Adoption bisher unterblieben ist, daß dieser Pflegetochter daher auch de jure nicht der Familienname ihres Pflegevaters sondern nur der ihres ehelichen Vaters, Ruß, zukommt, und daß der Vorname des Mädchens, welches im Hause kurz „Dolfi" genannt wurde, laut Taufscheines nicht Rudolfine, sondern Adolfine lautet. Im übrigen — so soll weiter noch angenommen werden — sprechen alle Umstände dafür, daß der Erblasser bei seiner Verfügung nur die Adolfine Ruß im Auge haben konnte. Wie ist zu entscheiden?

Nach römischem Recht wäre hier der bekannte Grundsatz

---

³ Vgl. besonders Zitelmann: Die Rechtsgeschäfte im Entwurf, 2. Th., S. 81; Pfersche: Irrthumslehre, S. 92 ff.; Bähr: Gegenentwurf ersetzt in seinem, dem § 1779 correspondierenden § 1606 den Ausdruck „nichtig" durch „ungiltig".

zur Anwendung zu bringen, daß falsa demonstratio non nocet, und die Verfügung demgemäß im Sinne des zweifellosen Willens des Erblassers richtig zu stellen und aufrechtzuerhalten⁴; und zu demselben — man darf wohl sagen: selbstverständlichen — Ergebnis gelangt man auch, wenn man unsern Fall nach irgend einem modernen Civil=Gesetzbuche, nach dem Mommsen'schen Entwurf, oder nach dem Entwurf eines ungarischen Erbrechtes behandelt.⁵ Schlimm steht es dagegen mit der Entscheidung nach dem deutschen Entwurf. Denn in unserem Falle ist darüber nicht hinwegzukommen, daß der „wirkliche Wille" des Erblassers (Bedenkung von Werners Pflegetochter Adolfine Ruß) mit dem „erklärten Willen" (Bedenkung von Werners angeblicher Adoptivtochter Rudolfine Werner) nicht übereinstimmt.

Der vorgelegte Thatbestand fällt demnach unter die allgemeine — und durch eine besondere Bestimmung in Betreff der falsa demonstratio nirgends eingeschränkte — Norm des § 1779, zufolge welcher die uns beschäftigende Verfügung — so unglaublich dies auch klingen mag — als „nichtig" zu behandeln ist!⁶

2. Mit Nichtübereinstimmung des „wirklichen" Willens mit dem „erklärten" Willen hat man es auch zu thun, wenn in den Text einer letztwilligen Verfügung

---

⁴ Vgl. darüber besonders Eisele in den Jahrbüchern für Dogmatik, Bd. XXIII, S. 18, und dazu Dernburg, Pandekten, III, § 77 u. 79.

⁵ Vgl. F. Mommsen: Entwurf eines deutschen Reichsgesetzes über das Erbrecht nebst Motiven, §§ 89, 125; Entwurf des ungarischen Erbrechtes, § 123 (dessen Formulierung aber nicht glücklich ist).

⁶ Daran können auch die Bestimmungen der §§ 73 (übereinstimmend § 90 zweiter Lesung) und § 1778 Entw. nichts ändern.

a) eine vom Erblasser nicht gewollte Bedingung aufgenommen, oder

b) eine von ihm gewollte Bedingung nicht aufgenommen ist.

Beide Möglichkeiten sind bereits von den römischen Juristen ins Auge gefaßt worden, welche hinsichtlich des Falles unter a) entscheiden, daß die Bedingung für nicht geschrieben gelten und die Verfügung somit als unbedingte aufrecht erhalten werden solle, im Falle unter b) dagegen die Verfügung als unwirksam behandeln (vgl. l. 9, §§ 5, 6, D. d. hered. inst. 28. 5).

Sicherlich ist die erstere — in das sächsische bürgerliche Gesetzbuch (§ 2082) ausdrücklich aufgenommene — Entscheidung auch für das heutige Recht vollkommen zutreffend.[7] Nach dem deutschen Entwurf jedoch kann sie leider nicht aufrecht erhalten werden; denn sein § 1779 statuiert in allen Fällen der Nichtübereinstimmung von Wille und Erklärung Nichtigkeit. Als seltsame Consequenz dieser Behandlungsweise verdient insbesondere noch hervorgehoben zu werden, daß die wegen Inserierung der vom Erblasser nicht gewollten Bedingung „nichtige" Verfügung nach Maßgabe der für „nichtige" Rechtsgeschäfte angenommenen Grundsätze (vgl. besonders § 110 erster und zweiter Lesung) selbst dann nicht zur Wirksamkeit gelangen könnte, wenn der Erblasser in einer zweiten Verfügung lediglich, d. h. ohne die Einsetzung der ersten zu wiederholen, ausgesprochen haben würde, daß die in der früheren Verfügung enthaltene und seinem Willen nicht entsprechende Bedingung zu entfallen habe.

---

[7] Vgl. auch F. Mommsen a. a. O., § 85, und hiezu die Ausführungen S. 203.

Hinsichtlich der römischen Entscheidung des Falles unter b) — welche übrigens in das sächsische bürgerliche Gesetzbuch (§ 2082) übergegangen ist — hat bereits Mommsen[8] mit Recht bemerkt, daß sie dem modernen Rechtsbewußtsein nicht entspricht. Würde freilich in Betreff einer unbedingt lautenden Verfügung nur feststehen, daß der Erblasser in dieselbe eine Bedingung eingefügt haben wollte, der Inhalt der letzteren aber nicht mehr zu ermitteln sein, so müßte die Verfügung selbstverständlich auch nach heutiger Auffassung zwar nicht als „nichtig" im technischen Sinne, aber doch als unwirksam[9] behandelt werden. Läßt sich dagegen die vom Erblasser gewollte und nur infolge eines Versehens in die solennisierte Erklärung nicht aufgenommene Bedingung dem Inhalte nach mit voller Sicherheit feststellen, so wird man der — vom Standpunkte des heutigen Rechtes doch noch viel mehr als von dem des römischen maßgebenden[10] — voluntas testatoris jedenfalls besser gerecht, wenn man die Verfügung als bedingte aufrecht erhält, als wenn man sie nach Maßgabe des § 1779 Entw. als „nichtig" betrachtet.

Die unbillige Härte dieser Entscheidung wird ganz besonders in Fällen evident, wo die vom Erblasser gewollte Bedingung im Zeitpunkte der Geltendmachung der Nichtigkeit bereits erfüllt ist, oder wo vielleicht gar der Erblasser die Errichtung einer die frühere Verfügung rectificierenden neuen

---

[8] Vgl. a. a. O., S. 203, und den von Mommsen proponierten § 91.
[9] Der Erblasser könnte demnach die Verfügung dadurch wirksam machen, daß er später in der zur Errichtung letztwilliger Verfügungen vorgeschriebenen Form die von ihm gewollte Bedingung zum Ausdruck brächte.
[10] Vgl. darüber jetzt Pernice: Labeo, III, S. 72 ff.

Verfügung deshalb unterließ, weil er wußte, daß die von ihm gewollte Bedingung inzwischen ohnedies bereits erfüllt worden sei.

Obwohl sich die Zahl der Beispiele, in welchen sich die Bestimmung des § 1779 als unhaltbar erweist, noch leicht vermehren ließe, so genügen doch schon die bereits angeführten zur Rechtfertigung des von mir gefällten Urtheiles.

II.

Die auf § 1779 folgenden Paragraphen des Entwurfes befassen sich gleichfalls mit Willensmängeln bei letztwilligen Verfügungen, jedoch mit solchen, welche die betreffende Verfügung nicht „nichtig", sondern nur „anfechtbar" machen. Wir begegnen dabei zuerst — im § 1780 — der Bestimmung, daß „eine letztwillige Verfügung angefochten werden kann, wenn der Erblasser zu derselben widerrechtlich durch Drohung oder durch Betrug bestimmt worden ist". Hieran habe ich sofort zwei Bemerkungen zu knüpfen:

1. Die Redactoren scheinen übersehen zu haben, daß die späteren Bestimmungen des Entwurfes über die Erbunwürdigkeit (vgl. §§ 2045 ff.) mit der Anfechtung nach § 1780 theilweise collidieren. Diese Collision tritt nämlich dann hervor, wenn dieselbe Person, welche den Erblasser durch widerrechtliche Drohung oder durch Betrug zu einer letztwilligen Verfügung bestimmt hat, in dieser als Erbe eingesetzt ist. Unter dieser Voraussetzung kann die Erbeinsetzung

a) nach § 1780 in Verbindung mit § 1784 von demjenigen angefochten werden, „welcher, wenn die letztwillige

Verfügung nicht errichtet worden wäre, als Erbe berufen sein würde" (vgl. § 1784);

b) unter derselben Voraussetzung ist der Eingesetzte aber auch „erbunwürdig" nach § 2045, Z. 3, und kann der Anfall der Erbschaft an den Erbunwürdigen von demjenigen angefochten werden, „welcher Erbe sein würde, wenn der Erbunwürdige den Erblasser nicht überlebt hätte" (§ 2046, Abs. 3).

Nimmt man daher an, der Erblasser habe zunächst im giltigen Testamente Nr. 1 den X zum Universalerben eingesetzt, späterhin aber, durch Drohung oder Betrug des Y bestimmt, ein Testament Nr. 2 errichtet, welches den Y zum Universalerben ernennt, so erscheint nach Maßgabe von a) der im Testamente Nr. 1 eingesetzte X als anfechtungsberechtigt, da dieses Testament, sofern von dem angefochtenen Testament abgesehen wird, als durch das letztere nicht aufgehoben und somit als noch aufrecht bestehend zu gelten hat; wogegen nach b) das Testament Nr. 1 ganz außer Betracht bliebe, und somit nicht der X, sondern der gesetzliche Erbe anfechtungsberechtigt wäre.

Die Behebung der constatierten Collision erheischt übrigens gewiß nicht eine Änderung bei § 1780, bezw. § 1784, sondern vielmehr bei den auch noch nach manchen anderen Richtungen revisionsbedürftigen Bestimmungen über die Erbunwürdigkeit.

2. Die zweite Bemerkung, welche ich zu machen habe, betrifft die im § 1780 erfolgte Hervorhebung des Betruges als besonderen Anfechtungsgrundes. Hierin liegt deshalb eine Incorrectheit, weil der Betrug die Wirksamkeit einer Willenserklärung überhaupt nur insofern beeinträchtigen kann, als

durch denselben bei dem Erklärenden ein Irrthum hervorgerufen worden ist, ohne welchen sich dieser, so wie er es gethan hat, nicht erklärt hätte, und weil zugleich bei letztwilligen Verfügungen im Gegensatz zu den meisten anderen Rechtsgeschäften jeder solche Irrthum, er mag nun durch Betrug herbeigeführt worden oder ohne Betrug entstanden sein, gleiche Berücksichtigung verdient."[11]

Da der Entwurf principiell auf demselben Standpunkte steht, so mag es im ersten Augenblicke vielleicht den Anschein haben, als ob die Erwähnung des Betruges als eines besonderen Anfechtungsgrundes schlimmsten Falles nur überflüssig sein, im übrigen aber keinen weiteren Nachtheil mit sich bringen könnte. In Wahrheit verhält es sich aber doch anders. Denn indem die Redactoren den Fall, wo der Erblasser zu seiner Verfügung durch Betrug bestimmt worden ist, getrennt von den übrigen Fällen behandelten, wo sich der Erblasser, ohne daß ihm ein Betrug gespielt worden ist, durch einen Irrthum im Beweggrund leiten ließ, gelangten sie zu folgender ganz unbegründeter Differenzierung: Beruht eine letztwillige Verfügung auf Betrug, so ist dieselbe nach § 1780 schlechtweg anfechtbar, ohne Rücksicht darauf, ob der entscheidende Punkt, hinsichtlich dessen die betrügerische Irreführung stattgefunden hat, aus der Verfügung ersichtlich ist, oder nicht; liegt dagegen einer letzwilligen Verfügung ein nicht durch Betrug herbeigeführter Irrthum im Motiv zugrunde, so soll nach § 1781 (Abs. 2) Anfechtung nur zu-

---

[11] Vgl. dazu auch die treffenden Ausführungen bei Pfaff-Hofmann: Commentar z. österr. bürg. G.-B., II, S. 113, und Bähr: Gegenentwurf, § 1607.

lässig sein, wenn „der Irrthum¹² aus der Verfügung zu entnehmen ... ist".¹³

Zur Rechtfertigung der letzteren Entscheidung berufen sich die Motive V, S. 50, sehr mit Unrecht auf das praktische Bedürfnis, grundlose Bestreitungen letztwilliger Verfügungen, die sonst in „überaus zahlreichen Fällen" mit „einiger Aussicht auf Erfolg unternommen werden" könnten, thunlichst hintanzuhalten.¹⁴ Der hiemit angedeuteten Gefahr ist vielmehr ohnedies schon durch die Schwierigkeit des Beweises, dass der Erblasser sich von einem in seiner Verfügung nicht ausgedrückten irrigen Motiv leiten liess, hinreichend vorgebeugt. Kann dieser Beweis aber einmal völlig überzeugend erbracht werden, dann liegt in der Aufrechterhaltung der Verfügung eine offenbare Verletzung der Gerechtigkeit, und ist zugleich auch das praktische Bedürfnis durchaus unerfindlich, welches jene Aufrechterhaltung geböte.

Die im § 1781, Abs. 2, verfügte Einschränkung der Anfechtbarkeit auch „in Ansehung des durch Betrug erzeugten

---

¹² Über die Incorrectheit des Ausdruckes „Irrthum", worunter die Redactoren hier den vom Erblasser irrthümlich angenommenen Umstand verstehen, vgl. bereits Ludw. Goldschmidt: Kritische Erörterungen, S. 162.

¹³ Gegen diese Bestimmung auch viele andere Gutachten; die von denselben bereits geltend gemachten Argumente werden hier nicht mehr wiederholt. Vgl. insbesondere auch Zitelmanns Neufassung des § 1781, a. a. O., S. 195, und § 1608 in Bährs Gegenentwurf.

¹⁴ Der letzte Grund, aus welchem sich der Entwurf zu der von ihm getroffenen Entscheidung veranlasst gesehen hat, ist übrigens gewiss ein anderer. § 1781 behandelt in falscher Parallele neben dem Irrthum im Motiv auch die disponierende Voraussetzung. Da nun die letztere selbstverständlich Relevanz nur haben kann, wenn sie erklärt ist (vgl. die Ausführungen im Texte unter III), so vermochte man sich nicht zu entschliessen, die Schlussbestimmung des § 1781 fallen zu lassen.

Irrthums (im Beweggrund) eintreten zu lassen", haben die Redactoren — wie bereits oben constatiert wurde — selbst Bedenken getragen (vgl. dazu die Motive a. a. O.). Allein infolge dieser Ausnahme tritt die principlose Unbilligkeit der Vorschrift nur noch schärfer hervor. Dies zeigt sich ganz besonders in solchen Fällen, bei welchen dem Anfechtungskläger der vorerwähnte schwierige Beweis vollständig gelingt, die weitere Beweisführung über den Umstand, daß der Irrthum des Erblassers durch Betrug herbeigeführt worden sei, dagegen zu einem bloßen Wahrscheinlichkeitsergebnis führt, das die Möglichkeit einer anderen Quelle des dem Erblasser unterlaufenen Irrthums nicht völlig ausschließt. Gerade so geartete Fälle können aber deshalb leicht vorkommen, weil — ganz abgesehen davon, daß der Betrüger das größte Interesse daran hat, sich nicht ertappen zu lassen — der Haupt-, ja vielleicht sogar der einzige Zeuge, welcher jenen überführen könnte, d. i. der Erblasser, zur Zeit des Anfechtungsstreites bereits todt ist.

Ein anderes durchschlagendes Argument gegen die Vorschrift des Absatzes 2 von § 1781 ergibt sich aus folgenden Erwägungen: Die Bestimmungen über die Anfechtung letztwilliger Verfügungen wegen mangelhafter Willensbestimmung gelten im allgemeinen[15] auch für den Widerruf letztwilliger Verfügungen (vgl. hiezu auch die Bemerkungen der Motive V, S. 47). Dieser kann nun nach § 1934 auch durch eine seitens

---

[15] Ein eigenthümliches Bewandtnis hat es mit dem, eingehender Besprechung bedürftigen Widerrufsfall des § 1935; vgl. hiezu Motive V, S. 302. Unrichtig Zitelmann a. a. O., S. 51, der die Specialität dieser Bestimmung übersieht.

des Erblassers vorgenommene Vernichtung der Urschrift der Testamentsurkunde, oder durch Durchstreichung u. dgl. erfolgen. Obwohl bei dieser Art des Widerrufes ein Irrthum im Beweggrund ebensogut und ebensoleicht vorkommen kann, wie bei irgend einer anderen, so ist doch zugleich klar, daß hiebei der Anforderung des Absatzes 2 von § 1781 gar nicht genügt sein kann. Beispiel: Ein Erblasser, der unter den Voraussetzungen des § 1927 ein testamentum holographum errichtet hatte, erhält wenige Tage vor seinem Tode ein Telegramm, laut dessen der von ihm mit einem Vermächtnisse bedachte X gestorben ist, und durchstreicht hierauf in Verbindung mit der vor mehreren Zeugen abgegebenen Erklärung, daß er dies lediglich mit Rücksicht auf die eben eingetroffene Todesnachricht thue, die bezügliche Verfügung. Nach dem Tode des Erblassers stellt sich jedoch heraus, daß die in jenem Telegramm enthaltene Nachricht eine irrthümliche war. Soll wirklich auch die Anfechtung der Durchstreichung lediglich deshalb ausgeschlossen sein, weil die irrthümliche Annahme des Erblassers aus der Durchstreichung selbst nicht zu entnehmen ist?

III.

Der schon durch die Ausführungen unter II gestreifte § 1781 ist jetzt noch eingehend zu besprechen. Fassung und Inhalt desselben geben hiezu dringende Veranlassung. Sein Wortlaut ist folgender:

Eine letztwillige Verfügung kann angefochten werden, wenn der Erblasser zu derselben durch einen auf die Vergangenheit oder die Gegenwart sich beziehenden Irrthum bestimmt worden ist, oder wenn der Erblasser zu der Verfügung durch die Voraussetzung des Eintrittes oder Nichteintrittes eines künftigen Ereignisses oder eines rechtlichen Erfolges bestimmt worden ist und die Voraussetzung sich nicht erfüllt hat.[16]

Die Verfügung ist nur dann anfechtbar, wenn der Irrthum aus der Verfügung zu entnehmen oder die Voraussetzung in derselben **ausdrücklich oder stillschweigend** erklärt ist.

1. Selbst von dem Standpunkte beurtheilt, von welchem aus diese Bestimmung gedacht ist, erscheint sie als nicht ganz correct. Trotz des offenbaren Strebens nach möglichster Vollständigkeit wird nämlich in derselben übersehen, daß eine letztwillige Verfügung auch unter einer sich nicht bewährenden „Voraussetzung"[17] getroffen sein kann, welche nicht auf die Zukunft gestellt und doch zugleich wieder so geartet ist, daß auch „ein auf die Vergangenheit oder Gegenwart sich beziehender Irrthum" nicht vorliegt.

Der Begründer der Lehre von der „Voraussetzung" —

---

[16] Wie der Commissions-Entwurf, so stellt auch Bähr a. a. O. (§ 1608) Irrthum im Beweggrund und nicht erfüllte (nicht irrthümliche) Voraussetzung einander gleich. Zitelmann in seiner Neufassung des § 1781 Entw. (a. a. O., S. 195) spricht lediglich von Anfechtung wegen „einer nicht zutreffenden Voraussetzung", versteht aber darunter sowohl den Irrthum im Motiv, wie das Nichtzutreffen der vom Erblasser gesetzten nicht irrthümlichen Voraussetzung.

[17] Zur Lehre von der „Voraussetzung" vgl. jetzt insbesondere Lenel im Archiv f. civil. Praxis, Bd. LXXIV, S. 213 ff.; Windscheid ebendort, Bd. LXXVIII, S. 161 ff.; Bolze ebendort, Bd. LXXVIII, S. 422 ff., und abermals Lenel ebendort, Bd. LXXIX, S. 49 ff. Auf die Voraussetzung bei letztwilligen Verfügungen wird jedoch in diesen Ausführungen nicht eingegangen.

welchem Entwurf und Motive (V, S. 48 ff.) in diesem Punkte folgen — führt zwar in seinen Pandekten (III, § 556) aus, daß die auf einen vergangenen oder gegenwärtigen Umstand gerichtete Voraussetzung einen Irrthum des Verfügenden „nothwendigerweise" in sich schließe, geräth aber hiedurch in Widerspruch mit seinen eigenen genaueren Ausführungen in der Schrift: „Die Lehre des römischen Rechtes von der Voraussetzung." Windscheid sagt nämlich an letzterem Orte, Seite 8, Folgendes: „Sodann könnte man die Vorstellung hegen, als involvierte die Voraussetzung nothwendigerweise eine Überzeugung von dem — vergangenen, gegenwärtigen oder zukünftigen — Sein des Vorausgesetzten. Auch das wäre unrichtig. Es ist eine Voraussetzung sehr wohl denkbar bei einem Zweifel über dieses Sein." Daß dies vollkommen zutrifft, ergibt sich z. B. aus nachstehender Verfügung: „Vorausgesetzt, daß der unehelich geborene Sohn meines verstorbenen Bruders wirklich durch nachfolgende Ehe legitimiert worden ist — worüber ich im Augenblicke noch zweifelhaft bin — hinterlasse ich ihm das derzeit mir gehörige alte Familienhaus." Wie wäre also diese oder eine ähnliche Verfügung nach dem Recht des Entwurfes zu behandeln? Der Auffassung des letzteren kommt man sicherlich am nächsten, wenn man das specifische „Recht der Voraussetzung" zur Anwendung bringt; [18] sagt doch auch Windscheid (Lehre von der Voraussetzung, S. 2): „daß dies die einzig mögliche Behandlung einer Willenserklärung sei, welche unter einer Voraussetzung ausdrücklich gemacht worden

---

[18] Vgl. auch Motive V, S. 49, woselbst die „Umdeutung" einer auf eine gegenwärtige oder vergangene Thatsache sich beziehenden Voraussetzung in eine Bedingung für unzulässig erklärt wird. S. aber auch Note 23.

ist." Andererseits ist nicht zu verkennen, daß man auf diesem Wege zu einem keineswegs angemessenen Resultate gelangt. Denn nach dem Recht der Voraussetzung — wie es der Entwurf bei letztwilligen Verfügungen ausgestaltet hat — müßte der Erbe das zu Gunsten des erblasserischen Neffen verfügte Vermächtnis bei Nichtvorhandensein der ausdrücklich erklärten Voraussetzung binnen Jahresfrist a tempore scientiae (vgl. § 1785) anfechten, widrigenfalls er dasselbe unweigerlich zu entrichten hätte. Unwillkürlich fragt man sich dabei, wozu hier die Anfechtung eigentlich dienen und was an einer Verfügung angefochten werden soll, in welcher der Erblasser mit einer jedes Mißverständnis ausschließenden Deutlichkeit ohnedies erklärt hat, daß er seinen Neffen nur für den Fall, als dieser per subsequens matrimonium legitimiert worden ist, mit dem Familienhaus bedacht und in Ermanglung dieser „Voraussetzung" somit nicht bedacht wissen will?

Unbefangene Beurtheilung führt also dahin, daß die „Voraussetzung" des vorgelegten Falles gar nichts anderes ist als eine condicio in praeteritum relata, und als solche behandelt werden muß.[19] Gerade gegen solche Ausdeutung der ausdrücklich erklärten Voraussetzung erhebt freilich Windscheid in seiner allerneuesten Ausführung [20] über diesen Gegenstand entschiedensten Widerspruch. Sein — mit der früher citierten Äußerung nicht ganz übereinstimmendes — Hauptargument ist, daß, wer etwas voraussetzt, dessen Wirklichkeit annimmt und eben deshalb das, was er unter der Voraussetzung rechtsge-

---

[19] Vgl. auch die schon von Windscheid citierte Entscheidung des deutschen Reichsgerichtes in der Sammlung, Bd. XXIV, S. 169 ff.
[20] Vgl. a. a. O., S. 163.

schäftlich erklärt, schlechthin, also unbedingt erklärt.[21] Dies trifft ohne Zweifel in solchen Fällen zu, bei welchen der Disponierende zwar von einer Voraussetzung ausgeht, dieselbe aber in der Disposition gar nicht zum Ausdruck bringt, weil er von ihrer Richtigkeit vollkommen überzeugt ist. Wo dagegen eine Verfügung ausdrücklich nur unter einer bestimmten Voraussetzung getroffen wird, deutet schon die ausdrückliche Erklärung der Voraussetzung darauf hin, daß der Verfügende das ausdrücklich Vorausgesetzte nicht schon ohneweiteres als wirklich annimmt, denn sonst wäre es ihm wahrscheinlich gar nicht eingefallen, das für gewiß Angenommene in seine Verfügung erst noch als Voraussetzung einzufügen.[22] Speciell bei unserer Verfügung und in allen verwandten Fällen ist es geradezu evident, daß der Erblasser die Voraussetzung in seine Willenserklärung nur deshalb aufgenommen hat, weil er das Nichtzutreffen derselben für nicht weniger möglich gehalten, wie ihr Zutreffen, das Familienhaus aber nur für den letzteren Fall an den Neffen hat vergeben wollen.

2. Ungeachtet dieses Ergebnisses würde der vorstehenden Ausführung eine nur sehr untergeordnete Bedeutung beizumessen sein, wenn mit Grund gesagt werden könnte, daß es sich überall dort, wo die ausdrücklich erklärte Voraussetzung wirklich als Bedingung zu behandeln sei, nur um eine offenbar ungenaue und eben deshalb der wahren Absicht des Verfügenden gemäß zu corrigierende Ausdrucksweise handle, welche daher auch als

---

[21] Vgl. auch Motive V, S. 19, welche selbst hinsichtlich der ausdrücklich erklärten und auf die Zukunft gestellten Voraussetzung behaupten, daß dem Erblasser die Möglichkeit der Nichtbewahrheitung der Voraussetzung gar nicht in den Sinn komme.
[22] Vgl. hiezu auch die treffenden Bemerkungen Lenels a. a. O., Bd. LXXIX, S. 53 ff.

Argument gegen die Theorie der „Voraussetzung" nicht in Betracht kommen könne.²³ Solcher Behauptung wäre jedoch Folgendes entgegenzuhalten: Die Wendungen „unter der Voraussetzung, daß", „vorausgesetzt, daß" u. dgl.²⁴ sind in unserem Sprachgebrauch zur Bezeichnung eines Verhältnisses der Bedingtheit fest eingebürgert, und zwar nicht allein in der populären, sondern auch in der wissenschaftlichen und insbesondere auch in der juristischen Ausdrucksweise.

So gehen z. B. Physiker, Mathematiker, Techniker bei ihren Untersuchungen, Berechnungen, Constructionsentwürfen nicht selten von im voraus erklärten Voraussetzungen aus, um damit auszudrücken, daß sie die gewonnenen Resultate nicht als absolute, sondern nur als hypothetische vorlegen. Wer sich auch nur ein klein wenig mit militärischen Dingen beschäftigt hat, weiß, daß die etwa am Tage vor der Schlacht vom Hauptquartiere aus an die Corps-Commandanten ergehenden Befehle sehr häufig alternativ unter genau formulierten und

---

²³ So in der That die Motive V, S. 49; nachdem dieselben nämlich die „Angleichung" der ausdrücklich erklärten Voraussetzung an die Bedingung als theoretisch unzulässig und praktisch bedenklich abgelehnt haben, glauben sie, die Gegner der Voraussetzungs-Doctrin doch wieder durch folgendes Zugeständnis beschwichtigen zu sollen: „Vergegenwärtigt sich der Erblasser, daß das Nichteintreten einer Voraussetzung möglich oder auch nur nicht fernliegend ist, und bringt er dies zum Ausdruck, so ist regelmäßig die Beifügung einer Bedingung als gewollt anzunehmen." Allein dieses Zugeständnis ist principiell wertlos, solange an dem Axiom festgehalten wird, daß die einer letztwilligen Erklärung ausdrücklich gemachte Beifügung: „unter der Voraussetzung, daß" für sich allein eine Bedingtheit noch nicht zum Ausdruck bringe.

²⁴ Windscheid a. a. O., S. 162, bemerkt mit Recht, daß dieser einfachste und naheliegendste Fall der erklärten „Voraussetzung" bisher wenig beachtet wurde. Vgl. aber jetzt auch schon Lenel a. a. O., S. 51 ff., S. 101.

einander ausschließenden Voraussetzungen ertheilt werden, derart also, daß bei Zutreffen einer bestimmten Voraussetzung so und bei Zutreffen einer anderen Voraussetzung a n d e r s vorzugehen ist. In ähnlicher Weise werden aber auch Rechtsgutachten überaus oft unter ausdrücklich erklärten Voraussetzungen abgegeben, so z. B. wenn ein Thatbestandsmoment oder die Existenz eines anzuwendenden Rechtssatzes zweifelhaft ist. Der Gutachter sagt dann etwa: „nur unter der Voraussetzung, daß der Sachverhalt so und so beschaffen ist...", oder: „nur unter der Voraussetzung, daß ein Handelsgebrauch des Inhaltes... besteht, vermag ich den klägerischen Anspruch für begründet zu erklären." Wie es sicher ist, daß diese Urtheile hypothetische sind, so wird auch nicht in Abrede zu stellen sein, daß die Hypothesis durch die gewiß nicht mit Unbedacht gewählte Wendung: „unter der Voraussetzung, daß" vollkommen richtig bezeichnet ist.

Bei genauerer Beobachtung werden wir nämlich gewahr, daß es unserem Sprachgefühle in einer ganzen Reihe von Fällen, wo es im übrigen zweifellos ist, daß eine Erklärung nicht schlechthin, sondern nur für einen gewissen Fall abgegeben sein will, der Gebrauch der Wendung: „unter der Voraussetzung, daß" entschieden besser entspricht, als die Wendung: „unter der Bedingung, daß". Dies trifft, soweit ich sehe,

a) zunächst dort zu, wo für den Redenden, Urtheilenden, Verfügenden die bereits entschiedene, aber ihm noch unbekannte Gestaltung einer Sachlage maßgebend ist. Der Ausdruck „Bedingung" weist eben auf die Zukunft hin, und die condicio in praesens vel in praeteritum relata bezeichnen wir daher auch als eine uneigentliche Bedingung.

b) Mit dem Ausdruck Bedingung verbindet man ferner

zumeist die Bedeutung des willkürlich Gesetzten, und zur Bezeichnung einer von seinem Willen unabhängigen Bedingtheit gebraucht der Erklärende deshalb lieber und wohl auch richtiger den Ausdruck „Voraussetzung". Speciell aus diesem Grunde spricht man also nicht von Bedingungen, sondern von Voraussetzungen, unter welchen man eine Berechnung für richtig, eine Argumentation für zutreffend, einen Anspruch für begründet erklärt.

c) Die Bedingtheit einer Verfügung ist oder erscheint doch wenigstens dem Verfügenden umsoweniger als ein Product der Willkür, je mehr dieselbe durch die Situation von selbst indiciert ist (oder von dem Verfügenden für indiciert gehalten wird), oder wohl auch, je mehr der Erklärende schon durch die gegenwärtigen Verhältnisse zur Erwartung berechtigt ist (oder doch berechtigt zu sein glaubt), dass der Umstand eintreten werde, von welchem die Wirksamkeit der Verfügung abhängig sein soll.

Mit Rücksicht auf den unter b) constatierten Sprachgebrauch erklärt es sich, dass auch in den soeben bezeichneten Fällen die Ausdrucksweise: „unter der Voraussetzung, dass" gebräuchlicher ist als die: „unter der Bedingung, dass". Wer z. B. für einen bestimmten Tag zum Zwecke der Besichtigung eines Festzuges ein Fenster mietet, wird, dafern er sich überhaupt veranlasst sieht, noch ausdrücklich auszusprechen, was sich ohnedies von selbst versteht, mit Bezug auf den Umstand, dass der Festzug an dem in Aussicht genommenen Tage wirklich stattfindet, vermuthlich von einer „selbstverständlichen Voraussetzung" und nicht von einer „Bedingung" reden. Und wenn ein Erblasser bei der Einsetzung seiner Tochter und des Verlobten derselben zu seinen Erben nicht unerwähnt lassen will, daß die Miteinsetzung des letzteren nur im Falle des Zustandekommens der Ehe gelten solle, so wird er doch der Wendung: „unter der Voraussetzung, daß" vor der: „unter der Bedingung, daß" den Vorzug geben.

3. Die in der vielerwähnten Form erklärte „Voraussetzung" ist also — denn dies zum mindesten darf ich bereits als Resultat meiner bisherigen Ausführungen festhalten — keineswegs ungeeignet, die Bedingtheit einer Erklärung, einer Verfügung zu verständlichem Ausdruck zu bringen. Bevor ich einen Schritt weitergehe, möchte ich aber nicht unterlassen, jetzt auch noch solche Fälle zu berücksichtigen, welche der Lehre: es müsse bei Auslegung von Willenserklärungen — unbeschadet aller Freiheit im einzelnen Falle — als Ausgangspunkt genommen werden, daß mit den Worten: „unter der Voraussetzung, daß" etwas anderes ausgedrückt sein soll, als mit den Worten: „unter der Bedingung, daß" (vgl. Windscheid im Archiv für civ. Praxis, Bd. LXXVIII, S. 163), doch wieder ein gewisses Maß von Berechtigung zu geben scheinen.[25]

Ich wähle zunächst folgendes Beispiel: Jemand behändigt einem anderen ein Wechselaccept und erklärt dabei zugleich, er thue dies unter der Voraussetzung, daß der Nehmer die versprochene Warenlieferung ordnungsmäßig effectuiere. Ohne Zweifel wird hier die Existenz der Wechselobligation durch die bei der Begebung erklärte Voraussetzung nicht im mindesten afficiert, sondern erwächst dem Begeber im Falle des Nichteintrittes der Voraussetzung lediglich ein obligatorischer Anspruch auf Rückgabe des Wechsels gegen den Nehmer, bezw.

---

[25] Vgl. zum Folgenden auch Lenel a. a. O., S. 55 ff.

eine exceptio gegen die von letzterem etwa vor der Rückgabe angestellte Wechselklage, eventuell ein Schadenersatzanspruch, dafern der Wechsel bereits in die Hand eines Dritten gelangt ist, gegen welchen die exceptio doli versagt. Die Analyse dieses Falles stellt jedoch sofort heraus, daß wir es hier in auffallendem Gegensatz zu einer „unter der Voraussetzung, daß" getroffenen letztwilligen Verfügung nicht mit einem einschichtigen, sondern mit einem zweischichtigen Geschäfte zu thun haben. Die entscheidende Bedeutung dieses Umstandes ist leicht zu erweisen. Liegt eine letztwillige Verfügung der bezeichneten Art vor, so bildet die ausdrücklich erklärte Voraussetzung einen Bestandtheil dieser Verfügung selbst. Anders verhält es sich bei unserem Wechselbegebungsfall. Hier haben wir nämlich scharf zu unterscheiden zwischen dem wechselrechtlichen Vorgange, vermöge dessen der Nehmer nach Maßgabe des Wechselinhaltes und des Acceptes Gläubiger des Gebers wird, einerseits, und der als „Voraussetzung" ausgedrückten, außerhalb des Wechsels erfolgten und zur Aufnahme in denselben auch ganz ungeeigneten Causalberedung andererseits. Directe Einwirkung der, wenn auch ausdrücklich erklärten, Voraussetzung auf die Wechselobligation ist bei solchem Sachverhalte selbstverständlich ausgeschlossen. Soweit aber für eine aus der Voraussetzung sich ergebende Bedingtheit überhaupt noch Raum bleibt, tritt sie allerdings auch in unserem Falle ein, und zwar als Bedingtheit von ganz derselben Art, wie sie entsteht, wenn in Verknüpfung mit einem unbedingten, dinglich wirkenden Hauptgeschäfte ein bedingter Nebenvertrag geschlossen wird, welcher die eventuelle Rückgängigmachung der ökonomischen Effecte des Hauptgeschäftes zum Gegenstande hat.

Ein ähnliches Bewandtnis hat es mit den von Windscheid a. a. O. besonders hervorgehobenen Beispielen einer unter einer erklärten Voraussetzung erfolgenden Auflassung und einer traditio solutionis causa mit der ausdrücklichen Beifügung, es werde nur unter der Voraussetzung gezahlt, daß die Schuld zu Recht bestehe.

Nach den §§ 870 und 871 Entw. kann zwar unter Beifügung einer auflösenden, nicht aber auch unter Beifügung einer aufschiebenden Bedingung aufgelassen werden. In jenem Falle hat auf Grund der Auflassung bei der Umschreibung des neuen Erwerbers von amtswegen zugleich auch die Eintragung des Rückfallsrechts des Veräußerers zu erfolgen; in diesem Falle ist die Auflassung als gänzlich unwirksam zu behandeln. Wie wäre nun nach Maßgabe dieser Bestimmungen vorzugehen, wenn es jemandem einfallen sollte, vor dem Grundbuchamte folgende Auflassungserklärung abzugeben: „Ich bewillige unter der Voraussetzung, daß u. s. w., die Eintragung des N als Eigenthümer des mir gehörigen Grundstückes X"? Der Grundbuchbeamte würde hiezu vermuthlich bemerken: „Bevor ich Ihre Erklärung zu Protokoll nehme, muß ich Sie darauf aufmerksam machen, daß dieselbe in dieser Form unwirksam ist. Wollen Sie, wie es den Anschein hat, Ihr Eigenthum nur für den Fall übertragen, daß Ihre Voraussetzung zutrifft, so bleibt Ihnen nichts übrig, als die Entscheidung abzuwarten. Haben Sie aber eine andere Absicht, so müssen Sie wieder mit voller Deutlichkeit erklären, ob Sie unter einer auflösenden Bedingung oder schlechthin auflassen wollen, in welch letzterem Falle Ihnen aber natürlich freisteht, ihre Voraussetzung außerhalb der Auflassungserklärung zum Ausdruck zu bringen und mit Ihrem Partner übereinzukommen, was geschehen soll, wenn dieselbe sich nicht verwirklicht." Wollte man aber schon einmal annehmen, daß die Parteien auf Protokollierung einer Auflassung von der angegebenen Beschaffenheit beständen (vgl. § 40 des Entwurfes einer Grundbuch=Ordnung), so wäre das Begehren um Eintragung, und zwar nicht allein auf Grund des § 870 Entw. zum bürgerlichen Gesetzbuche, sondern auch auf Grund des § 38 (Abs. 2) Entw. einer Grundbuch=Ordnung abzuweisen. Verzichten die Parteien jedoch darauf, die Voraussetzung in die Auflassung selbst einzuschalten und bringen sie dieselbe nur außerhalb der letzteren zum Ausdruck, dann gilt bezüglich einer solchen Voraussetzung durchaus dasselbe, was weiter oben über die bei Begebung eines Wechselacceptes erklärte Voraussetzung gesagt worden ist.

Ein zweischichtiges Geschäft ist, wie die Eigenthums=Tradition überhaupt, so insbesondere auch die traditio solutionis causa. Zwei juristische Effecte stehen bei derselben in Frage: einerseits die Eigenthumsübertragung, andererseits die Tilgung einer Obligation. Während jedoch der Eintritt des letzteren Effectes davon abhängig ist, daß die zu tilgende Obligation wirklich existiert, besteht bezüglich des ersteren Effectes (nach römischem und heutigem gemeinen Recht, wie nach dem Recht des Entwurfes) eine solche Abhängigkeit nicht. An diesem Sachverhalte wird nun freilich nichts geändert, wenn auch der Tradent erklärt, er „zahle" nur unter der Voraussetzung der Existenz der Schuld. Allein der Grund hiefür liegt nicht darin, daß „Voraussetzung" hier etwas wesentlich anderes bedeutet als „Bedingung", sondern darin, daß die erklärte Voraussetzung sich nur auf das Zahlungsgeschäft bezieht und somit eine Bedingtheit nur nach derjenigen Richtung hin zum Ausdruck bringt, nach welcher eine solche auch schon von rechtswegen vorhanden ist. Würde ja doch die gefällte Entscheidung auch dann aufrecht erhalten werden müssen, wenn der Tradent statt des Wortes „Voraussetzung" das Wort „Bedingung" gebraucht hätte.

Setzen wir schließlich noch den Fall einer seitens eines Erben zur Tilgung einer Schuld des Erblassers vorgenommenen Tradition, bei welcher der Tradent erklärt, nur unter der Voraussetzung zahlen zu wollen, daß die Schuld keine Spielschuld und daß sie auch noch nicht verjährt sei. Da durch die Voraussetzung hier entschieden mehr ausgesprochen ist, als eine ohnedies schon vorhandene condicio iuris, so kommt ihr auch praktische Bedeutung unzweifelhaft zu.[26] Diese letztere ist aber wieder genau dieselbe, welche auch einträte, wenn der Tradent statt von einer Voraussetzung von einer Bedingung gesprochen hätte, bei deren Zutreffen die Zahlung allein gelten solle. Denn auch beim Gebrauche dieser Wendung würde die Eigenthumsübertragung als unbedingte zu behandeln und dem Tradenten somit nur eine persönliche Klage auf Rückzahlung zu gewähren sein, dafern sich herausstellen sollte, daß die betreffende Schuld des Erblassers nur eine Spielschuld, oder zur Zeit der Zahlung bereits verjährt war.

Die gewonnenen Ergebnisse sind hienach folgende:

a) Bei einschichtigen Geschäften wird durch die Erklärung „unter der Voraussetzung, daß" eine Bedingung, sei es nun eine condicio in praesens vel in praeteritum relata, sei

---

[26] Verwandte (aber für das heutige Recht zu subtile) Gesichtspunkte auch bei Lenel a. a. O., S. 55.

es eine auf die Zukunft gestellte (eigentliche) Bedingung des betreffenden Geschäftes ausgedrückt.

b) Bei zweischichtigen Geschäften[27] bildet das in der angegebenen Weise Vorausgesetzte nicht selten nur den Inhalt des mit einem unbedingten Geschäfte sich combinierenden zweiten Geschäftes, welches die eventuelle indirecte Aufhebung der zufolge des unbedingten Geschäftes bereits eingetretenen Effecte zum Gegenstande hat. Die Verwendbarkeit des Ausdruckes „Voraussetzung" zur Bezeichnung einer Bedingtheit bewährt sich aber bei isolierter Betrachtung des zweiten Geschäftes selbst hier.

c) Erbeinsetzungen oder Vermächtnisverfügungen mit der ausdrücklichen Beifügung: „unter der Voraussetzung, daß" sind ganz unzweifelhaft einschichtige Geschäfte in dem Sinne, daß die ausgedrückte Voraussetzung den Verfügungswillen direct afficiert und demgemäß nach lit. a als bedingte zu behandeln.

4. Von der Betrachtung derjenigen Gruppe von Voraussetzungen, welche im § 1781 gänzlich übergangen wurde, ihren Ausgang nehmend, ist die vorstehende Erörterung schließlich dazu gelangt, die im Entwurf normierte Behandlung der ausdrücklich erklärten, nicht bloß motivierenden, sondern disponierenden Voraussetzung für principiell verfehlt zu erklären. Die Richtigkeit dieses Urtheiles wird umso einleuchtender, je weiter man die Consequenzen des im § 1781 ausgesprochenen Rechtssatzes

---

[27] Die Heranziehung noch complicierterer Geschäfte ist hier ohne Interesse. Wohl aber muſs hervorgehoben werden, daſs die Parteien oft geradezu die Absicht hegen, ein Geschäft, welches als einschichtiges sehr wohl gedacht werden könnte, zu einem zusammengesetzten zu machen.

verfolgt, daß unter ausdrücklich erklärten Voraussetzungen ge=
troffene letztwillige Verfügungen als unbedingte zu gelten haben,
und daß die Nichterfüllung der Voraussetzung die betreffende
Verfügung nur anfechtbar macht.

a) Es liegt im Wesen der Anfechtbarkeit, daß sie behoben
werden kann. Einen eigenthümlichen Fall solcher Behebung
statuiert der an anderer Stelle noch ausführlicher zu besprechende
§ 1786. Zufolge desselben ist die Anfechtung einer anfechtbaren
letztwilligen Verfügung ausgeschlossen, wenn der Erblasser im
Falle der Anfechtbarkeit wegen Drohung nach Beseitigung der
Zwangslage, im Falle der Anfechtbarkeit wegen eines anderen
Grundes, nachdem er von dem letzteren Kenntnis erlangt hat,
ein utiliter zu berechnendes Jahr verstreichen ließ, ohne die
Verfügung aufzuheben. Selbst wenn man diese Bestimmung
nicht billigt, so kann man doch die allgemeinen Erwägungen be=
greifen, welche für ihre Aufnahme in den Entwurf maßgebend
gewesen sein dürften. Hat nämlich der Erblasser die von ihm
errichtete äußerlich fehlerfreie und als wirksam sich darstellende,
aber auf mangelhafter Willensbestimmung beruhende letztwillige
Verfügung, auch nachdem er des letzteren Umstandes bewußt
geworden, und obwohl ihm zu neuerlicher Verfügung hinreichende
Zeit gegönnt war, aufzuheben unterlassen, so scheint nicht ganz
ohne Grund behauptet werden zu können, daß die nachträgliche
Hervorzerrung jenes verborgenen Willensmangels der Intention
des Erblassers zuwiderlaufen würde und die Anfechtung eben
deshalb als ausgeschlossen betrachtet werden müsse. Wie aber
solche Erwägung auch bei letztwilligen Verfügungen, welchen
eine später sich nicht bewährende (disponierende) Voraussetzung
ausdrücklich beigefügt worden ist, zur Geltung kommen soll,

geht über das Maß des Begreiflichen hinaus. Beispiel: Nachdem jemand in seinem Testament unter anderem verfügt hat: „Ich vermache dem X, jedoch nur unter der Voraussetzung, daß er meinem dringenden Wunsche Folge leistet und noch im Laufe dieses Jahres den fremden Kriegsdienst quittiert, 40.000 Mark" — muß er leider erfahren, daß X, statt den fremden Dienst innerhalb der gesetzten Frist zu quittieren, in demselben definitiv verblieben ist. Was ist nun rechtens, wenn bei dem etwa anderthalb Jahre (a tempore scientiae gerechnet) später erfolgten Tode des Erblassers eine andere letztwillige Verfügung als das vorerwähnte Testament nicht vorliegt?

Die Anwendung der Bestimmungen des Entwurfes führt zu der fast unglaublichen Entscheidung: es sei das zu Gunsten des X verfügte und wegen des Nichtzutreffens der Voraussetzung anfechtbar gewesene Vermächtnis aus dem Grunde wieder unanfechtbar geworden, weil der Erblasser die Jahresfrist des § 1786 hatte verstreichen lassen, ohne dasselbe aufzuheben! Vergeblich fragt man sich, wozu der Erblasser eine Verfügung erst noch hätte aufheben sollen, welche er nach Maßgabe seines, wenn auch laienhaften, so doch natürlichen Urtheils mit Rücksicht auf die bereits entschiedene Nichterfüllung der von ihm ausdrücklich erklärten Voraussetzung als ohnedies unwirksam geworden ansehen mußte, und mit welchem Rechte aus der unterbliebenen Aufhebung gefolgert wird, daß die Verfügung so zu gelten habe, als wenn die Voraussetzung gar nicht beigesetzt wäre? Allein hiedurch läßt sich der Entwurf in seiner doctrinären Logik nicht beirren, und in consequenter Durchführung des eigenthümlichen „Rechtes der Voraussetzung" gelangt er sogar dazu, die vom Erblasser beigefügte Voraussetzung willkürlich zu eliminieren und dem Erblasser etwas als Wille zu unterstellen, was dessen ausdrücklich erklärtem und nach keiner Richtung hin auch nur zweifelhaft gewordenem Willen direct widerspricht.

b) Sieht man von den eben besprochenen Fällen, bei welchen § 1786 eingreift, ab, so erweist sich die Behandlungsweise des Entwurfes darin als verfehlt, daß die ausdrücklich erklärte Voraussetzung nur Berücksichtigung findet, wenn die unter derselben getroffene letztwillige Verfügung wegen Nichtdaseins, beziehungsweise bereits entschiedener Nichterfüllung der Voraussetzung angefochten wird. Ist also z. B. der unter einer ausdrücklich erklärten, aber nicht zutreffenden Voraussetzung bedachte Vermächtnisnehmer so klug, sich erst nach Ablauf der Anfechtungsfrist (vgl. § 1785) zu melden, und hatte der Erbe in seiner leicht begreiflichen Unkenntnis des Rechtes der Voraussetzung keine Veranlassung gefunden, die Anfechtung aus eigener Initiative in Scene zu setzen, so knüpft sich hieran nach dem Recht des Entwurfes die Folge, daß ein Vermächtnis entrichtet werden muß, welchem der Erblasser laut seiner ausdrücklichen Erklärung die Wirksamkeit entzogen wissen wollte. Nicht geringere Bedenken ergeben sich bei Anwendung der Bestimmungen des Entwurfes auf Erbeinsetzungen mit ausdrücklich beigefügter Voraussetzung. Denn nach § 1781 erhält der in solcher Weise Eingesetzte, solange die, vielleicht noch gar nicht möglich gewesene, Anfechtung noch nicht erfolgt ist, die volle Stellung eines unbeschränkten Erben, mag das Zutreffen der Voraussetzung auch noch zweifelhaft oder das Nichtzutreffen derselben bereits entschieden sein. Auf die Interessen der für den Fall des Nichtzutreffens der Voraussetzung Berechtigten wird dabei nicht die geringste Rücksicht genommen.

c) Die schon am Schlusse des vorigen Absatzes berührten Fälle, bei welchen tempore mortis testatoris noch ungewiß ist, ob die ausdrücklich erklärte Voraussetzung zutreffen wird, bedürfen noch einer ganz besonderen Erörterung. Derselben sollen nachstehende zwei Beispiele zugrunde gelegt werden. Die Verfügung lautet:

α) Ich setze meine Nichte A und deren Bräutigam B zu meinen Erben ein, den letzteren nur unter der Voraussetzung, daß die Ehe zustande kommt.

β) Ich setze den X unter der Voraussetzung zum Erben ein, daß er sich trotz der mir nicht unbekannten Einflüsterungen seiner mütterlichen Verwandten auch in Hinkunft zu einer Confessionsänderung nicht werde bestimmen lassen.

Im Falle α) ist die Voraussetzung nach der von mir vertretenen Auffassung als aufschiebende Bedingung zu interpretieren, was nach allen Seiten hin zu durchaus angemessenen Ergebnissen führt. Nach dem Rechte des Entwurfes dagegen erhält B die Hälfte der Erbschaft sofort zur freien Verfügung, und steht der Miterbin A lediglich bevor, den Erbanfall an B anzufechten, sobald die Nichtverwirklichung der Voraussetzung entschieden ist. Allein wann kann man von einer Entschiedenheit in diesem Sinne reden? Jedenfalls dann, wenn einer der beiden Verlobten, bevor es zur Eheschließung gekommen war, gestorben ist. Muß also mit der Anfechtung bis zu diesem Zeitpunkte zugewartet, oder darf der Nichteintritt der Voraussetzung nicht doch vielleicht schon früher als entschieden angenommen werden? Und wenn man sich selbst zur letzteren, freieren Ansicht bekennt, wie zweifelhaft hinsichtlich des Erfolges und wie überaus widerwärtig ist dann wieder der zwischen der A und dem B sich abspielende Anfechtungsstreit. Dafern es endlich der B nur darauf abgesehen hat, bleibt ihm nach dem seltsamen Voraussetzungsrechte des Entwurfes unter allen Umständen Zeit genug, um den Erfolg der hinterdrein einmal erfolgenden Anfechtung praktisch zu vereiteln.

Ich wende mich dem Falle unter β) zu. Behandelt man die ausdrücklich erklärte disponierende Voraussetzung grundsätzlich als Bedingung, so greift hier die zutreffende Auslegungsregel des § 1764 ein, und gelangt man danach zu resolutiver Bedingtheit,[28] bei welcher der vom Erblasser verpönte Confessionswechsel die Resolutivbedingung bildet. Entscheidet man jedoch nach dem Recht der Voraussetzung des § 1781, so wird X unbeschränkter Erbe und unterbleibt jede Vorsorge für den Fall der Nichtbewährung der Voraussetzung; tritt aber dieser Fall wirklich ein, so haben die Betheiligten[29] dann allerdings das weitgehende Recht, den Erbanfall an X mit rückwirkender Kraft anzufechten und erscheinen hiedurch vom Standpunkte rein theoretischer Betrachtung sogar besser gestellt als nach dem Recht der Resolutivbedingung: denn während nach diesem — wenigstens normalerweise[30] — die Früchte der Zwischenzeit dem resolutiv-bedingt eingesetzten Erben auch nach Eintritt der Resolutivbedingung verbleiben, sind dieselben nach dem Recht der Vor-

---

[28] Freie Beurtheilung wird übrigens dazu führen, die als „Voraussetzung" ausgedrückte Bedingung auch in manchen anderen Fällen, wo die Auslegungsregel des § 1764 nicht platzgreift, als Resolutivbedingung zu behandeln. Vgl. übrigens auch Lenel a. a. O., S. 54.

[29] Diese können übrigens nach dem Recht der Voraussetzung unter Umständen andere Personen sein, als nach dem Recht der Resolutivbedingung; vgl. § 1784 mit § 1807.

[30] Vgl. § 1807 Entw.; ein abweichender Wille des Erblassers wird aber doch wohl respectiert werden müssen.

aussetzung dem Anfechungsberechtigten mitherauszugeben, bezw. zu ersetzen. Anders aber wird man vom praktischen Standpunkte aus urtheilen müssen. Oder ist es nicht wie im Falle unter x) so auch hier völlig klar, daß der Erfolg der Anfechtung ein ganz illusorischer ist, wenn der unter der ausdrücklich erklärten Voraussetzung Eingesetzte bis zum Zeitpunkte der Nichtbewährung derselben, also vielleicht durch eine ganze Reihe von Jahren in der Lage ist, mit voller Freiheit nicht allein über die Früchte, sondern auch über die Substanz der Erbschaft factisch und rechtlich zu verfügen? Weitaus befriedigender ist doch demgegenüber das Recht der auflösenden Bedingung, wonach den bei Nichterfüllung der Voraussetzung Berechtigten schon von vornherein die Stellung von eventuellen Nacherben gesichert wird.

Von welcher Seite also man die in der oft erwähnten Weise erklärte Voraussetzung auch betrachten mag, immer und immer wieder stellt sich heraus, daß die Behandlung derselben als Bedingung, und zwar je nach Umständen als aufschiebende oder auflösende, die allein angemessene ist.

5. Aus dem unmittelbaren Resultat der vorstehenden Ausführungen ergibt sich ein noch viel weitergehendes.[31] Muß nämlich einmal zugestanden werden, daß das sogenannte Recht der Voraussetzung sich gerade bei denjenigen letztwilligen Verfügungen, welchen die Klausel „unter der Voraussetzung, daß" ausdrücklich beigefügt ist, als unbrauchbar erweist, so kann auch der Schluß nicht mehr abgewiesen werden, daß die Aufstellung eines derartigen specifischen Rechtes, d. h. einer der

---

[31] Über die Voraussetzung bei letztwilligen Verfügungen wollen übrigens auch die folgenden Bemerkungen nicht hinausgehen.

Voraussetzung als solchen zukommenden juristischen Behandlungsweise, ein ebenso vergebliches als verfehltes Unternehmen ist. Zu völlig demselben Ergebnis gelangt man aber auch, wenn man sich vergegenwärtigt, wie überaus Verschiedenes man unter Voraussetzung versteht und auch mit Recht verstehen kann.³² Vor allem drängt sich der Unterschied auf zwischen der **erklärten** und der **verschwiegenen** Voraussetzung. Die Voraussetzung kann ferner, wenn erklärt, wieder in sehr verschiedener Weise erklärt sein, und zwar insbesondere als **disponierende** oder als **motivierende** oder als **demonstrative**. Die **disponierende** Voraussetzung ist zu beachten, weil sie erklärt ist. Die **motivierende** Voraussetzung verdient möglicherweise **keine** Beachtung, obschon sie erklärt,³³ möglicherweise aber auch **Beachtung**, obschon sie **nicht** erklärt ist, und kann im Gegensatz zur disponierenden Voraussetzung nur von Relevanz sein, **wenn sie auf Irrthum beruht**.³⁴ Hinsichtlich der lediglich **demonstrativen** Voraus-

---

³² Vgl. auch Lenel a. a. O., S. 51, 58 ff., 101.

³³ Der Erblasser kann ja auch absichtlich ein falsches Motiv angegeben haben, in welchem Falle die bekannte Regel gilt: Falsa causa non nocet.

³⁴ Im § 1781 werden die im Texte hervorgehobenen Unterschiede zwischen disponierender und motivierender Voraussetzung gänzlich übersehen. Dies zeigt sich einerseits darin, daß sogar mit Bezug auf die **ausdrücklich** erklärte, **nicht** irrthümliche und somit zweifellos disponierende Voraussetzung davon geredet wird, der Erblasser sei durch dieselbe zur Verfügung „bestimmt" worden, was doch nur für die motivierende (nicht aber auch für die den Erblasser nicht bestimmende, sondern von diesem bestimmte disponierende) Voraussetzung paßt; andererseits darin, daß die nur hinsichtlich der disponierenden Voraussetzung zutreffende Bestimmung von Absatz 2 auch für die motivierende Voraussetzung (Irrthum im Motiv) zur Geltung gebracht wird.

setzung endlich gilt der Satz: Falsa demonstratio non nocet. Außerdem ist noch zu berücksichtigen, daß die motivierende Voraussetzung leicht in die disponierende übergehen, und daß in der demonstrativen Voraussetzung mitunter eine motivierende oder wohl auch eine disponierende enthalten sein kann. Mit Rücksicht auf alles dies ist das Wort „Voraussetzung" als juristisch-technischer Ausdruck nicht verwendbar und als solcher daher in der Gesetzessprache zu vermeiden.

IV.

Durch meine bisherigen Ausführungen unter I bis III glaube ich mir bereits die erforderliche Basis zur Vorlage folgender Neufassung geschaffen zu haben, welche meines Erachtens geeignet wäre, die Bestimmungen der §§ 1779 bis 1781 Entw. zu ersetzen:

§ a.

Insoweit eine letztwillige Verfügung der wahren Absicht des Erklärenden[36] nicht entspricht, kann sie angefochten werden. Anfechtung ist insbesondere auch zulässig wegen mangelhafter Willensbestimmung durch widerrechtliche Drohung oder Irrthum im Beweggrund. Ungenauigkeiten und Unrichtigkeiten des Ausdruckes, insbesondere in der Bezeichnung der bedachten Person oder des zugedachten Gegenstandes, welche durch absichtsgemäße Auslegung behoben werden können, beeinträchtigen die Giltigkeit der Verfügung nicht.

---

[36] Ich gebrauche den Ausdruck aus dem Grunde statt „Erblassers", um festzustellen, daß es auf die Absicht zur Zeit der Testaments-Errichtung, nicht etwa auf spätere Absichten ankommt.

Daß diese Formulierung einfacher und kürzer ist als die der §§ 1779 bis 1781 Entw., ergibt sich schon aus flüchtiger Vergleichung; daß sie aber auch alles sagt, was gesagt zu werden braucht, und durch ihren Inhalt zu gegründeten Bedenken keinen Anlaß gibt, soll noch in möglichster Kürze gezeigt werden.

1. Mein Vorschlag setzt das Vorhandensein einer Erklärung, welche man als „letztwillige" bezeichnen darf, bereits voraus und läßt somit den in § 93 zweiter Lesung vorgesehenen Fall einer nicht ernstlich gemeinten Willenserklärung, welche in der Erwartung abgegeben wird, der Mangel der Ernstlichkeit werde nicht verkannt werden, beiseite.[36] Hinsichtlich der durch die Formulierung getroffenen Fälle wird aber ganz allgemein ausgesprochen, daß der vorhandene Willensmangel die Verfügung nur anfechtbar macht, während der Entwurf bei sogenannter Nichtübereinstimmung des wirklichen Willens mit dem erklärten Willen „Nichtigkeit" und nur bei Vorhandensein anderer Willensmängel „Anfechtbarkeit" statuiert. Ich finde jedoch für diese Unterscheidung keinen durchschlagenden Grund[37] und halte sie mit Rücksicht auf die Fassung, welche der dem § 98 erster Lesung correspondierende § 94 zweiter Lesung erhalten hat, überhaupt nicht mehr für durchführbar.

2. Wie unter I gezeigt worden, steht die Formulierung des § 1779 einer sachgemäßen Anwendung der für das Recht der letztwilligen Verfügungen völlig unentbehrlichen, im Entwurf aber an keiner Stelle ausgesprochenen Regel: Falsa de-

---

[36] Man kann übrigens getrost behaupten, daß dieser Fall für letztwillige Verfügungen nicht praktisch ist.
[37] Dabei kommt für mich allerdings auch in Betracht, daß die Anfechtbarkeit in meinem Sinne von der Nichtigkeit nicht so weit entfernt ist, wie die des Entwurfes. Vgl. die Ausführungen des Textes unter IX.

monstratio non nocet geradezu im Wege. Mein Vorschlag vermeidet diesen Fehler und bringt den bezeichneten Satz zugleich in vorsichtiger Fassung zum Ausdruck. Nach Maßgabe der von mir proponierten Formulierung kann ferner im Wege der Anfechtung insbesondere auch durchgesetzt werden, daß eine vom Erblasser nicht gewollte, in die solenne Erklärung aber aufgenommene Bedingung (oder Befristung) unberücksichtigt bleibe, und daß umgekehrt eine vom Erblasser gewollte, in der solennen Erklärung aber fehlende Bedingung (oder Befristung) Berücksichtigung finde.

3. Betrug wird in meinem Vorschlage mit Rücksicht auf das oben unter II Gesagte als besonderer Anfechtungsgrund nicht namhaft gemacht, wohl aber widerrechtliche Drohung und Irrthum im Beweggrund. Was speciell den letzteren betrifft, so soll er nach meinem Vorschlage als Anfechtungsgrund sowohl dann gelten, wenn der irrthümlich angenommene Umstand aus der Verfügung zu entnehmen, als auch wenn dies nicht der Fall ist, aber natürlich nur dann und insoweit, als der Irrthum im Motiv ein entscheidender ist, und die Aufrechterhaltung der Verfügung somit der wahren Absicht des Erblassers zuwiderlaufen würde.

4. Obwohl der nicht erfüllten Voraussetzung „des Eintrittes oder Nichteintrittes eines künftigen Ereignisses oder eines rechtlichen Erfolges" in meinem Vorschlage keine Erwähnung gemacht wird, so entsteht dadurch doch keine Lücke. Denn eine solche Voraussetzung kann nur entweder als motivierende oder als disponierende rechtlich in Betracht kommen. Im ersteren Falle, d. h. wenn die ihrem Wortlaute und Sinne nach unbeschränkte Verfügung erweislich auf einer die Gestaltung der

Zukunft betreffenden **irrigen Annahme** des Erblassers beruht,[38] liegt ohnedies Irrthum im Beweggrund vor. Hinsichtlich des letzteren Falles aber, bei welchem der Erblasser die Voraussetzung gerade deshalb zum integrierenden Bestandtheile seiner Disposition macht, weil er die für ihn maßgebende Gestaltung der Zukunft für ungewiß hält, ist wieder zufolge des oben unter III Ausgeführten jede besondere Bestimmung entbehrlich.[39]

5. Bei der Anfechtung wegen Irrthumes im Beweggrund kann sich unter Umständen die praktisch wichtige Frage ergeben, wann bereits und mit welchem Erfolge angefochten werden kann. So z. B. in folgendem Falle: Beim Tode eines Erblassers liegen zwei Testamente vor. Laut des älteren, privilegierten und wegen des Ablaufes der Frist des § 1926 keinesfalls mehr wirksamen Testamentes sind A und B zu Erben eingesetzt, der letztere jedoch nur unter einer Suspensivbedingung; in dem jüngeren Testamente aber heißt es: „Ich setze abermals die schon in meinem früheren Testamente genannten A und B zu Erben ein, lasse aber die bezüglich des letzteren gestellte Bedingung, daß u. s. w., jetzt aus dem Grunde fallen, weil dieselbe bereits erfüllt ist." Welches Bewandtnis hat es hier mit der Anfechtung, wenn sich zeigt, daß der Erblasser die Erfüllung der Suspensivbedingung nur irrthümlich angenommen hat?

Versucht man nach § 1781 zu entscheiden, so ergibt sich dabei zunächst der befriedigend kaum zu lösende Zweifel, ob man es mit einem auf die Vergangenheit sich beziehenden Irrthum zu

---

[38] Diesen ebenso richtigen wie wichtigen Gesichtspunkt hebt klar und scharf erst Pernice: Labeo, III, S. 75, hervor.

[39] Vgl. auch Dernburg, der es in seinen Pandekten, III, § 79, mit Recht für überflüssig hält, neben dem Irrthum im Beweggrund auch noch der nicht erfüllten Voraussetzung Erwähnung zu thun.

thun hat, oder mit der Voraussetzung eines künftigen Ereignisses. Für ersteres würde sprechen, daß der Erblasser ein noch nicht eingetretenes Ereignis als bereits in der Vergangenheit eingetreten annimmt, für letzteres, daß für die Entscheidung des Erblassers ein Ereignis als maßgebend erscheint, dessen Eintritt bezw. Nichteintritt sich erst in der Zukunft entscheiden kann. Zu welcher dieser beiden möglichen Auffassungen man sich aber auch bekennen mag, keinesfalls gewinnt man ein befriedigendes Resultat. Bringt man nämlich unseren Fall unter den Gesichtspunkt eines auf die Vergangenheit sich beziehenden Irrthumes, so kann A — denn er ist unzweifelhaft der Anfechtungsberechtigte — die im zweiten Testamente zu Gunsten des B enthaltene Erbeinsetzung s o f o r t mit dem Erfolge anfechten, daß B von der Erbschaft selbst d a n n nichts erhält, wenn die vom Erblasser als bereits erfüllt vorausgesetzte Suspensivbedingung späterhin eintritt. Versucht man aber — wegen der offenbaren Verkehrtheit des eben constatierten Ergebnisses — mit der Voraussetzung eines künftigen Ereignisses zu operieren, so wird B zunächst als unbeschränkter Erbe behandelt und kann A erst anfechten, sobald sich die Erfüllung der Voraussetzung als vereitelt herausstellt,⁴⁰ möglicherweise also erst, nachdem B seinen Erbtheil schon längst consumiert hat.

Entscheidet man dagegen nach Maßgabe meines Vorschlages, so gewinnt man sofort die der Lage des Falles allein angemessene Lösung: A kann die Einsetzung des B mit Rücksicht darauf, daß der Erblasser sich im Beweggrund geirrt hat, zwar sofort anfechten, aber nur i n s o w e i t, als sie der wahren Absicht des Erblassers nicht entspricht, und daher auch nur mit

[40] Vgl. den Schluß von Absatz 1 des § 1781.

dem Erfolge, daß diese Einsetzung als suspensiv bedingte behandelt wird.

6. Schließlich verdient noch erwähnt zu werden, daß die Fassung meines Vorschlages die ängstliche Bestimmung des § 1787 [41] vollständig überflüssig macht.

V.

In unmittelbarem Anschlusse an seinen § 1781 behandelt der Entwurf sodann noch einige „Unterfälle" (vgl. Motive V, S. 50) der Anfechtbarkeit wegen Irrthums und nicht zutreffender Voraussetzung. Auch sie dürfen nicht unbesprochen bleiben. Der uns zunächst interessierende § 1782 bestimmt:

Ist in einer letztwilligen Verfügung ein zur Zeit des Erbfalles vorhandener Pflichttheilsberechtigter übergangen, dessen Vorhandensein dem Erblasser bei Errichtung der Verfügung nicht bekannt war, von welchem der Erblasser insbesondere annahm, daß derselbe gestorben sei, oder welcher erst nach Errichtung der letztwilligen Verfügung geboren oder Pflichttheilsberechtigter geworden ist, so ist im Zweifel anzunehmen, daß der Erblasser zu der letztwilligen Verfügung in dem ersten Falle durch den Irrthum über das Nichtvorhandensein des Pflichttheilsberechtigten, in dem zweiten Falle durch die Voraussetzung, der Pflichttheilsberechtigte werde nicht

---

[41] „Bezieht sich der Grund der Unwirksamkeit einer einzelnen in einem Testamente enthaltenen Verfügung nur auf diese einzelne Verfügung, so sind die übrigen in dem Testamente enthaltenen Verfügungen nur insofern unwirksam, als erhellt, daß der Erblasser dieselben ohne jene unwirksame Verfügung nicht getroffen hätte." Die Bestimmung wird aus dem im Texte angegebenen Grunde nicht weiter besprochen.

nachträglich geboren oder nicht nachträglich Pflichttheils=
berechtigter werden, bestimmt worden ist.

Die Verfügung ist in den Fällen des ersten Absatzes nach
Maßgabe des § 1781 anfechtbar, auch wenn das im § 1781,
Abs. 2, bestimmte Erfordernis nicht vorhanden ist.

Die Motive V, S. 50 ff., glauben an dieser Vorschrift be=
sonders rühmen zu sollen, daß sie außerhalb jeden systema=
tischen Zusammenhanges mit dem Pflichttheilsrecht steht und
hiedurch, d. h. indem sie eine Reihe unbequemer Fälle aus dem
Pflichttheilsrecht ausschaltet, die consequente „Construction" des
letzteren überaus erleichtert. Allein gerade darin, worin die
Motive einen Vorzug des § 1782 erblicken, liegt der principielle
Fehler derselben."[13]

Hat ein Erblasser in der von ihm hinterlassenen letzt=
willigen Anordnung einen zur Zeit des Erbfalles noch vor=
handenen Pflichttheilsberechtigten übergangen und stellt sich
zugleich heraus, daß jener zur Zeit der Errichtung seiner Ver=
fügung von dem Vorhandensein des Pflichttheilsberechtigten
keine Kenntnis hatte, oder nicht einmal Kenntnis haben konnte,
weil der die Pflichttheilsberechtigung begründete Thatbestand
erst nach Errichtung der Verfügung eingetreten ist, so spricht
allerdings ein bald größeres, bald geringeres Maß von Wahr=
scheinlichkeit dafür, daß der Pflichttheilsberechtigte nicht nur
nicht übergegangen, sondern mit mehr als dem Pflichttheil be=

---

[13] Petersen: Berufung zur Erbschaft, S. 46, und Zitelmann
a. a. O., S. 52, finden gegen § 1782 Wesentliches nicht einzuwenden;
Bähr a. a. O., S. 353, erklärt die durch § 1782 getroffenen Fälle im
Zusammenhange mit dem Pflichttheilsrecht erledigen zu wollen, versäumt
es aber in seinem vom Pflichttheilsrecht handelnden Abschnitt, auf die
Fälle des § 1782 zurückzukommen.

dacht worden wäre, dafern der Erblasser von der Existenz des Pflichttheilsberechtigten Kenntnis gehabt, beziehungsweise die Gestaltung der Zukunft hätte errathen können. Jeder Versuch aber, zu ermitteln, was der Erblasser unter der eben erwähnten Voraussetzung dem übergangenen Pflichttheilsberechtigten wirklich zugewendet hätte, wird in aller Regel gänzlich erfolglos bleiben; und die Gesetzgebung muß sich deshalb begnügen, die hiebei in Betracht kommenden Fälle angemessen zu gruppieren und hinsichtlich jeder dieser Gruppen eine billige Durchschnitts=entscheidung zu treffen. Auf einen durchaus anderen Standpunkt stellt sich der Entwurf; statt dem aus Irrthum übergangenen Pflichttheilsberechtigten einfach zuzuweisen, was diesem billiger=weise gebürt, und die Verfügung des Erblassers im übrigen, d. h. insoweit, als das Interesse des Pflichttheilsberechtigten mit derselben nicht collidiert, intact zu lassen, erklärt er die Verfügung im ganzen als anfechtbar wegen angeblicher Fehler=haftigkeit des für den Erblasser maßgebenden Bestimmungs=grundes. Daß hiemit ein arger Mißgriff begangen wird, zeigen die nachstehenden Ausführungen.

1. Entscheidender Irrthum im Motive liegt offenbar nur dort vor, wo für gewiß angenommen werden kann, daß der Erblasser seine Verfügung ohne jenen Irrthum nicht getroffen hätte. Bei den unter § 1782 fallenden Thatbeständen kann jedoch dies als Regel keineswegs zugegeben werden. Es ist hier vielmehr sehr wohl möglich, daß der Erblasser eine ganze Reihe der von ihm getroffenen Verfügungen — ja vielleicht sogar alle [43] — selbst dann aufrecht erhalten haben würde, wenn er

---

[43] So z. B. wenn der Erblasser nur über einen relativ geringen Theil seines Nachlasses verfügt hat. Entscheidet man sich dafür, daß die

von der im Zeitpunkte seines Todes sich ergebenden Situation eine klare Vorstellung gehabt hätte. Der § 1782 selbst erkennt dies indirect dadurch an, daß er, um die nach der bezeichneten Richtung hin vorhandene Unsicherheit zu beseitigen, durch die Vermuthung aushilft, „es sei im Zweifel anzunehmen, daß der Erblasser zu der letztwilligen Verfügung... durch den Irrthum über das Nichtvorhandensein des Pflichttheilsberechtigten... (beziehungsweise) durch die Voraussetzung, der Pflichttheilsberechtigte werde nicht nachträglich geboren oder Pflichttheilsberechtigter werden, bestimmt worden ist". Je verschiedenartiger aber die Fälle sind, für welche diese Vermuthung gelten soll, desto willkürlicher ist die Aufstellung derselben.

2. Der unter den im § 1782 angegebenen Umständen übergangene Pflichttheilsberechtigte kann, selbst wenn die Anfechtung den denkbar günstigsten Erfolg hat, für sich doch niemals mehr erlangen, als den unbeschwerten gesetzlichen Erbtheil. In merkwürdigem Widerspruche hiemit steht es, daß der juristische Effect der Anfechtung darüber weit hinausreicht, d. h. genauer, daß infolge der Anfechtung die Verfügungen des Erblassers in viel weiterem Umfange hinfällig werden, als es

---

Annahme des § 1782 in solchen Fällen eben nicht platzzugreifen habe, so gelangt man zu seltsamen Widersprüchen. Um sich dieser bewußt zu werden, braucht man nur folgende zwei Verfügungen einander gegenüberzustellen. 1. Ein Erblasser, der ein Vermögen von 300.000 Mark hinterläßt, hat lediglich ein Vermächtnis im Betrage von 10.000 Mark zu Gunsten seines lieben Freundes X verfügt. 2. Der betreffende Erblasser hat seinen lieben Freund X zum Universalerben eingesetzt. Oder ist es, wenn man die Anfechtung nach § 1782 im ersten Falle für ausgeschlossen erklärt, nicht so unlogisch als möglich, daß die Anfechtung im zweiten Falle vollen Erfolg haben und der Freund des Erblassers somit gar nichts bekommen soll?

das Interesse des übergangenen Pflichttheilsberechtigten erheischt. Beispiel: Jemand hat vor seiner Verehelichung ein Testament errichtet, laut dessen der extraneus X zum Erben eingesetzt ist, heiratet später und stirbt noch bevor er Gelegenheit gefunden, seiner Frau letztwillig zu gedenken. Da die letztere nach dem Recht des Entwurfes (§ 1975) pflichttheilsberechtigt ist, so liegt offenbar einer der Fälle des § 1782 vor und kann die Einsetzung des X also mit Erfolg angefochten werden. Macht die Witwe von dieser Möglichkeit Gebrauch, so tritt gesetzliche Erbfolge ein, bei welcher sie, wenn etwa neben ihr noch ein Bruder des Erblassers vorhanden ist, nach § 1971 die eine Hälfte und der Bruder die andere Hälfte der Erbschaft erhält, der eingesetzte extraneus X aber, welchen der Erblasser seinem Bruder doch unbedingt vorgezogen hatte, gänzlich durchfällt. Auf die Frage nach dem Grunde für solche Entscheidung ertheilen die Motive die merkwürdige Antwort, daß vermöge des im § 1782 acceptierten principiellen Standpunktes" „eine quantitative Verminderung der Zuwendung nicht dürfte vorkommen können!"

3. In den Fällen des § 1782 kommt dem übergangenen Pflichttheilsberechtigten — vorausgesetzt, daß er überhaupt anfechtungsberechtigt ist — das Anfechtungsrecht allein (§ 1784) zu, also nicht neben ihm etwa auch denjenigen Per-

---

⁴⁴ Vgl. hiezu § 112 erster Lesung („Ein anfechtbares Rechtsgeschäft wird im Falle der Anfechtung in Ansehung der gewollten rechtlichen Wirkungen so angesehen, als ob es nicht vorgenommen wäre, es sei denn, daß durch das Gesetz geringere Wirkungen der Anfechtung vorgeschrieben sind") und den correspondirenden und noch schärfer zugespitzten § 113 zweiter Lesung („Wird ein anfechtbares Rechtsgeschäft angefochten, so ist es als von Anfang an nichtig anzusehen").

sonen, welchen der praktische Erfolg der Anfechtung mit zum Vortheile gereicht. Hierin liegt für den Pflichttheilsberechtigten eine große Versuchung. Da derselbe nämlich einerseits auf dem Wege der Anfechtung für sich keinesfalls mehr erlangen kann, als seinen unbeschwerten gesetzlichen Erbtheil, und da andererseits der Effect der erfolgten Anfechtung darüber noch hinausgeht, so handelt der Pflichttheilsberechtigte offenbar am klügsten, wenn er sein Anfechtungsrecht als Pressionsmittel benützt, um den Anfechtungsgegner zur Zahlung einer Abfindungssumme zu bewegen, welche höher ist, als der Wert des ihm zukommenden gesetzlichen Erbtheiles, und doch noch erheblich geringer, als die dem Anfechtungsgegner bei erfolgender Anfechtung drohende Einbuße. Eine Bestimmung aber, welche solches Vorgehen ermöglicht, ja zu demselben sogar ermuntert, kann doch unmöglich richtig gedacht sein.

4. Das allerseltsamste Ergebnis des im § 1782 in Verbindung mit § 1784 normierten Anfechtungsrechtes besteht jedenfalls darin, daß es auch Situationen gibt, bei welchen die aus § 1782 resultierende Anfechtungsbefugnis dem übergangenen Pflichttheilsberechtigten, im Hinblick auf welchen sie allein statuiert ist, nicht einmal zusteht. In Consequenz der im § 1782 sich ausprägenden Auffassung und zufolge der ausdrücklichen Bestimmung des ersten Satzes von § 1784 kann nämlich wie in den Anfechtungsfällen der §§ 1780 ff. überhaupt, so auch in den Fällen des § 1782 insbesondere nur anfechtungsberechtigt sein, wer, soferne „die letztwillige Verfügung nicht errichtet worden wäre, als Erbe oder Vermächtnisnehmer berufen oder von einer Beschwerung befreit sein oder ein Recht erlangt haben würde." Zu der hiemit bezeichneten Gruppe von Personen ge-

hört nun der übergangene Pflichttheilsberechtigte jedenfalls dann nicht, wenn dem nach § 1782 anfechtbaren Testamente ein anderes, durch den Inhalt der späteren Verfügung aufgehobenes Testament vorausgegangen, in welchem des Pflichttheilsberechtigten gleichfalls nicht gedacht ist. Denn in diesem Falle würde, wenn das anfechtbare zweite Testament nicht errichtet worden wäre, nicht der übergangene Pflichttheilsberechtigte, sondern der im ersten Testament Eingesetzte als zur Erbfolge berufen erscheinen, und an diesem Sachverhalte wird natürlich auch dadurch nichts geändert, daß der übergangene Notherbe das erste Testament, dafern auf dasselbe das zweite nicht gefolgt wäre, allerdings anfechten könnte. Um die Anfechtung des vorläufig durch das zweite Testament als aufgehoben geltenden ersten Testamentes handelt es sich zunächst eben gar nicht, sondern nur um die Anfechtung des zweiten, zu welcher aber der übergangene Pflichttheilsberechtigte nach dem Rechte des Entwurfes gewiß nicht berufen ist. Entfällt also bei der hier vorausgesetzten Sachlage die Anfechtung gänzlich, oder wie ist es sonst mit derselben zu halten? Auf diese Frage scheint der zweite Satz des § 1784 Antwort geben zu wollen; er lautet:

Bezieht in den Fällen der §§ 1780 bis 1782 der Betrug, der Irrthum oder die nicht eingetretene Voraussetzung sich nur auf eine bestimmte Person und ist diese Person anfechtungsberechtigt, oder würde sie anfechtungsberechtigt sein, wenn sie den Erblasser überlebt hätte, so ist eine andere Person zur Anfechtung nicht berechtigt.

Da diese Bestimmung nur eine Modification der Regel des ersten Satzes von § 1784 enthält und da diese Modification hinsichtlich der Fälle des § 1782 nur eingreifen will, wenn der übergangene Pflichttheilsberechtigte anfechtungsberechtigt ist, so bleibt es also, insoweit letzteres nicht zutrifft, und somit insbesondere auch in dem uns hier beschäftigenden Falle bei der Geltung der unmodificierten Regel, daß schlechthin derjenige zur Anfechtung befugt ist, welcher, wenn die (hier ist es die zweite) letztwillige Verfügung nicht errichtet worden wäre, als Erbe berufen sein würde, d. h. in Anwendung auf unsere Constellation der im ersten Testamente Eingesetzte. Erst nachdem der letztere durch Ausübung seines Anfechtungsrechtes das zweite Testament zu Fall und das erste — laut dessen er eingesetzt ist — zur Geltung gebracht hat, kann nach dem Rechte des Entwurfes der übergangene Pflichttheilsberechtigte in Action treten, um nunmehr das erste Testament anzufechten und auf diesem Wege seine gesetzliche Erbportion zu erhalten. Ob es aber soweit wirklich kommt, hängt schließlich doch nur vom guten Willen des im ersten Testament Eingesetzten ab, da dieser, statt von einem Anfechtungsrecht Gebrauch zu machen, dessen Ausübung ihm doch nichts nützt, sich viel lieber dazu entschließen wird, gegen Zahlung einer entsprechenden Abfindungssumme auf die Geltendmachung seines Anfechtungsrechtes zu verzichten; er sowohl wie der Anfechtungsgegner finden dabei ihre Rechnung, während sich der übergangene Pflichttheilsberechtigte trotz des § 1782 mit dem Pflichttheile begnügen muß.

5. Über die bezüglich des § 1782 zu treffende Remedur kann ich mich kurz aussprechen. Der Paragraph ist vollständig zu streichen und bedarf in den „allgemeinen Vorschriften" über die Anfechtung letztwilliger Verfügungen auch keines Ersatzes. Trotzdem darf die gesetzliche Entscheidung der Frage, wie es mit dem vom Erblasser aus Irrthum übergangenen Pflicht-

theilsberechtigten gehalten werden soll, nicht übergangen werden. Der richtige Ort dafür ist aber nur der vom Pflichttheil handelnde und einer gründlichen Umarbeitung sehr bedürftige Titel

---

VI.

Als „weiteren Unterfall des § 1781" bezeichnen die Motive V, S. 53, die Anfechtungsfälle des § 1783:

Eine letztwillige Verfügung, durch welche ein Ehegatte den anderen Ehegatten bedacht hat, kann angefochten werden, wenn die Ehe nichtig ist, oder wenn sie anfechtbar war und angefochten ist, oder wenn sie vor dem Tode eines der Ehegatten aufgelöst ist.

Eine letztwillige Verfügung, durch welche ein Verlobter den anderen Verlobten bedacht hat, kann angefochten werden, wenn das Verlöbnis vor dem Tode des Erblassers aufgelöst ist.

Die Anfechtung ist ausgeschlossen, wenn der Wille des Erblassers erhellt, daß die letztwillige Verfügung auch in dem eingetretenen Falle Geltung haben soll.

Obschon diese Bestimmung nicht in dem Maße fehlerhaft ist, wie die des § 1782, so verdient meines Erachtens doch auch sie keine Billigung.

1. Weder das preußische L.-R.[45], noch der Code civil, noch endlich das österreichische bürgerliche Gesetzbuch enthalten

---

[45] Die Bestimmung des L.-R. in § 489, II, 1 gehört nicht hieher, denn sie betrifft lediglich die nur unter Ehegatten zugelassenen wechselseitigen Testamente und zieht die aus dieser beschränkten Zulassung sich ergebende Consequenz.

eine mit dem Inhalte des § 1783 deutsch. Entw. sich berührende Bestimmung, ohne daß sich daraus bisher irgend welche Unzukömmlichkeiten ergeben hätten. Schon dies allein scheint mir zur Vorsicht zu mahnen.

Erst das sächsische bürgerliche Gesetzbuch — vielleicht angeregt durch die sachlich gewiß nicht zutreffende, aber von der modernen Voraussetzungslehre aufgegriffene Entscheidung Scävolas in l. 27 D. de usufr. leg. 33. 2[46] — verfügt in seinem § 2222 ausdrücklich, daß „eine letztwillige Verfügung eines Ehegatten zu Gunsten des anderen als widerrufen zu betrachten ist, wenn die Ehe für nichtig erklärt, oder infolge Anfechtung aufgehoben oder geschieden wird, oder die Ehegatten auf Lebenszeit von Tisch und Bett getrennt werden."[47] Diese, mit der willkürlichen Fiction eines nicht vorhandenen Widerrufswillens operirende und in einer ganzen Reihe von Fällen zu, der wahren Absicht des Erblassers direct widersprechenden Resultaten führende Bestimmung einfach zu übernehmen, haben die Redactoren des deutschen Entwurfes mit Recht abgelehnt, und gerne kann zugestanden werden, daß § 1783 deutsch. Entw. richtiger gedacht ist, als § 2222 sächs. b. G.-B.

Trotzdem erheben sich Bedenken. Zunächst eines, welches die Fassung betrifft. Nach Absatz 3 von § 1783 soll die in den Absätzen 1 und 2 für begründet erklärte Anfechtung ausgeschlossen sein, „wenn der Wille des Erblassers erhellt, daß die letztwillige Verfügung auch in dem eingetretenen Falle Geltung haben soll." Was ist hier unter „Wille" eigentlich zu verstehen, und der „Wille" welcher Zeit ist gemeint: der zur

---

[46] Vgl. über und gegen diese Entscheidung Pernice a. a. O., S. 78.
[47] Vgl. auch § 168 in F. Mommsens Entwurf.

Zeit der Testamentserrichtung, oder der irgend einer späteren Zeit, so daß die Verfügung bald anfechtbar ist, bald nicht, je nachdem der Erblasser seinen „Willen" ändert? Ich halte mich übrigens bei diesem Punkte nicht weiter auf, weil er mir bereits durch Zitelmanns[48] Neufassung des § 1783 erledigt zu sein scheint.

Weitere Bedenken ergeben sich nach der Richtung hin, ob es denn hier überhaupt nothwendig und zweckmäßig ist, der richterlichen Prüfung und Entscheidung des Einzelfalles durch Specialvorschriften vorzugreifen.

2. Die im § 1783 berührten Fragen können nicht allein von Belang sein, wenn ein Ehegatte (Schein-Ehegatte), bezw. ein Verlobter den anderen eingesetzt hat, sondern auch in manchen anderen Fällen. Beispiel: Eine Dame trifft, nachdem sie von der Verehelichung ihres entfernt von ihr lebenden Sohnes Kenntnis erhalten, eine letztwillige Verfügung, laut welcher sie ihrer unbekannten „Schwiegertochter" den gesammten Familienschmuck vermacht. Ist es nicht klar, daß dieses Vermächtnis der Anfechtung nach Maßgabe des von mir proponierten § a unterliegen muß, wenn die Bedachte im Zeitpunkte des Todes der Erblasserin bereits aufgehört hat, diejenige Eigenschaft zu haben, mit Rücksicht auf welche sie von der letzteren allein bedacht sein wollte? Auf formalistische Gesichtspunkte, wie sie § 1783 zur Geltung bringt, also z. B. darauf, ob das Scheidungserkenntnis noch bei Lebzeiten der Erblasserin in Rechtskraft erwachsen ist,[49] würde aber dabei freilich nichts ankommen, son-

---

[48] Vgl. denselben a. a. O., S. 197, und hiezu die Ausführungen S. 52 und 53.

[49] Vgl. darüber das im Texte unter Z. 4 Gesagte.

dern lediglich die aus dem Inhalte der Verfügung und den begleitenden Umständen zu entnehmende wahre Intention der Erblasserin wäre bei Beurtheilung der Wirksamkeit des Vermächtnisses als entscheidend zu betrachten.

Warum sollte es also wie in den Fällen dieser Art, welche selbstverständlich wieder in den verschiedensten Abstufungen vorkommen können, nicht auch in den Fällen des § 1783[60] möglich und zugleich räthlich sein, dem Richter die nach Beschaffenheit der concreten Umstände zu treffende Entscheidung freizugeben, anstatt sie ihm hier durch formalistische Vorschriften zu verschränken?

3. Wenn ein Ehegatte den anderen letztwillig bedenkt, so bringt er sehr häufig schon durch die Wahl der Worte zum Ausdruck, daß der Fortbestand des ehelichen Verhältnisses bis zum Tode für ihn von maßgebender Bedeutung ist. Besonders prägnant ist in dieser Hinsicht die seitens des Mannes mit den Worten: „meine Witwe" erfolgende Bezeichnung der bedachten Frau, und als ziemlich gleichwertige Bezeichnung dürfte es zu betrachten sein, wenn sich die Frau in ihrer letztwilligen Verfügung der Wendung bedient: „meinem hinterbliebenen Manne (Gatten) bestimme ich u. s. w." Solcher demonstratio muß meines Erachtens, wenn nicht starke Gegengründe vorliegen, geradezu disponierende Bedeutung beigemessen werden, so zwar also, daß — ganz abgesehen von einer gar nicht erforderlichen Anfechtung — schon von vorne-

---

[60] Über die geringe praktische Bedeutung derselben vgl. Bährs Bemerkungen a. a. O. zu § 1600 seines Gegenentwurfes. Dieselbe erklärt sich daraus, daß der Erblasser fast immer die Gelegenheit zur Errichtung einer neuen letztwilligen Verfügung finden und auch ergreifen wird.

herein anzunehmen ist, es solle die Verfügung nur insofern Geltung haben, als die bedachte Person durch den Tod des Erblassers das wirklich wird (nämlich Witwe, bezw. Witwer desselben), als was sie eingesetzt ist.

In anderen Fällen, wo die demonstratio weniger prägnant ist, wird wieder mittelst Anfechtung im Sinne meines § a wesentlich dasselbe Resultat zu erreichen sein. Einer die Anfechtung für zulässig erklärenden Specialbestimmung bedarf es dazu umsoweniger, je wahrscheinlicher es an und für sich schon ist, daß der Erblasser die zu Gunsten seines Ehegatten getroffene Verfügung trotz des zumeist nur zufälligen Mangels einer demonstratio von der oben angegebenen Art kaum in anderem Sinne gemeint haben dürfte, als welcher durch Beifügung einer solchen demonstratio zugleich auch deutlich ausgedrückt wird.

4. Die Bestimmung des § 1783, Absatz 1 in Verbindung mit Absatz 3, läßt sich kurz auch dahin ausdrücken, daß, insoweit nicht ein anderer Wille des Erklärenden erhellt, Anfechtung einer Verfügung des einen Ehegatten zu Gunsten des anderen immer dann, aber auch nur dann zulässig sein soll, wenn Umstände vorliegen, welche den Eingesetzten auch von der gesetzlichen Erbfolge nach § 1971 ausschließen. Dieser Standpunkt ist jedoch nicht richtig; denn die Ordnung des gesetzlichen Erbrechtes hat mit dem Willen des Erblassers nichts zu thun. Dies zeigt sich — um nur die Hauptfälle hervorzuheben — sowohl dann, wenn die Ehe nichtig, als wenn sie durch Scheidungserkenntnis aufgelöst ist. Worauf der Erblasser bei Einsetzungen der uns hier beschäftigenden Art vorzugsweise Gewicht legt, ist die Fortsetzung des ehelichen Verhältnisses bis zum Tode.

Ganz irrelevant ist dagegen von seinem Standpunkte

aus beispielsweise: ein erst n a ch[51] seinem Tode entdeckter Formmangel bei der Eheschließung, oder ein nach den Grundsätzen des internationalen Privatrechtes eingreifendes, von den Schein-Ehegatten aber thatsächlich ignoriertes Hindernis des Ehebandes oder der höheren Weihen u. dgl. Und für die Beurtheilung der Intention des Erblassers nicht minder belanglos ist es, auf welchen Zeitpunkt die Rechtsordnung aus Gründen, die doch jedenfalls mit der Auslegung letztwilliger Verfügungen nichts zu schaffen haben, das Wirksamwerden der Ehescheidung zu verlegen für gut findet. Der Entwurf bestimmt in dieser Beziehung im § 1452, daß die Auflösung der Ehe erst m i t d e r R e ch t s k r a f t des die Scheidung bestimmenden Erkenntnisses eintritt, und in Verbindung damit, daß der Streit über die Scheidung als erledigt zu betrachten ist, wenn einer der Ehegatten vor der Rechtskraft des Endurtheils stirbt[52], d. h. also mit anderen Worten, daß die Ehe als n i ch t a u f g e l ö s t zu gelten hat, wenn einer der Ehegatten das Rechtskräftigwerden des Scheidungserkenntnisses nicht erlebt. Ich bekenne ganz offen, nicht verstehen zu können, warum diese Bestimmungen[53] auch unbedingt maßgebend sein sollen, wenn es sich

---

[51] Im Hinblick auf solche Fälle formuliert Bähr a. a. O. seinen § 1609 dahin, daß Anfechtung nur stattbaben solle, dafern die Ehe v o r dem Tode des Erblassers für nichtig oder „ungiltig" erklärt wird. Hiedurch erscheint aber die Anfechtung wieder zu sehr eingeschränkt; oder sollte diese, obschon ein hervorgekommener Nichtigkeitsgrund noch v o r dem Tode des Erblassers auch zur thatsächlichen Aufhebung des ehelichen Verhältnisses geführt hat, schon deshalb nicht mehr zuläßig sein, weil die Nichtigkeits-Erklärung erst nach dem Tode des Erblassers erfolgt ist?

[52] Vgl. hiezu den im Art. II d. Entwurfes z. Einführungs Gesetz proponierten § 584a d. C.-P.-O.

[53] Ob sie überhaupt zu billigen sind, ist hier nicht zu untersuchen

lediglich darum handelt, mittelst Anfechtung der wahren Intention des Erblassers wenigstens insoweit Geltung zu verschaffen, daß der überlebende „Ehegatte" auf Grund einer letztwilligen Verfügung nicht noch erheblich mehr erhalte, als den Pflichttheil oder vielleicht gar als den gesetzlichen Erbtheil.⁵⁴

5. Gegen die Bestimmung des Absatzes 2 von § 1783 habe ich, abgesehen davon, daß sie mir überflüssig zu sein scheint,⁵⁵ specielle Bedenken nicht vorzubringen. Verzichtet man jedoch auf besondere Hervorhebung der übrigen Anfechtungsgründe des § 1783, so kann sie allein schon aus dem Grunde nicht beibehalten werden, weil sonst der Eindruck entstände, als ob bezüglich der letztwilligen Verfügungen eines Verlobten zu Gunsten des anderen ein ganz besonderes Recht eingeführt werden wollte, was doch offenbar nicht der Fall ist.

⁵⁴ Beispiel: Laut Testamentes des verstorbenen Ehegatten erscheint der überlebende — welchem bei eintretender gesetzlicher Erbfolge nach Maßgabe des Falles 2 von § 1971, Abs. 1, nur die Hälfte der Erbschaft gebüren würde — zum Alleinerben eingesetzt. Außerdem liegt vor: 1. eine zweite, aber formell mangelhafte letztwillige Verfügung, laut welcher die frühere Verfügung vom Erblasser aufgehoben und dem anderen Ehegatten auch der Pflichttheil entzogen werden wollte (vgl. § 2005 Entw.); 2. die Thatsache, daß der überlebende Ehegatte sich noch bei Lebzeiten des Erblassers bereits anderweitig (wenn auch natürlich nicht rechtswirksam) verehelicht hatte; 3. die weitere Thatsache, daß auf die Scheidungsklage des Erblassers bereits ein die Scheidung bestimmendes Urtheil erster Instanz ergangen ist, gegen welches der geklagte Theil (dabei mit der Möglichkeit des baldigen Todes des Klägers bereits rechnend) ein Rechtsmittel eingelegt hat; 4. endlich die Thatsache, daß der Erblasser vor Rechtskraft des Scheidungserkenntnisses gestorben ist. Daran, daß bei dieser Sachlage dem überlebenden „Gatten" das volle gesetzliche Erbrecht zukommt, kann offenbar auch eine Anfechtung im Sinne meines § u nichts ändern; sie würde aber doch bewirken können, daß derselbe auf den gesetzlichen Erbtheil beschränkt bliebe.

⁵⁵ Vgl. das oben im Texte unter Z. 2 Gesagte.

VII.

Der überaus schwerfällige § 1784 [56] beschäftigt sich mit der Frage, wem in den Fällen der §§ 1780 bis 1783 die Anfechtung zusteht. Ich vermag die hierauf gegebene Antwort schon deshalb nicht zu acceptieren, weil dieselbe eine Regelung der Anfechtbarkeit voraussetzt, welche ich bereits abgelehnt habe; auf der Basis des von mir unter IV formulierten Paragraphen schlage ich vielmehr in Betreff der Anfechtungsberechtigung folgende Bestimmung vor:

§ b.

In den Fällen des § a ist zur Anfechtung derjenige berechtigt, welchem der Erfolg der Anfechtung rechtlich zu gute kommt.[57]

Von der Vorschrift des § 1784 Entw. unterscheidet sich diese Normierung wesentlich in zwei Punkten.

1. § 1784 geht bei der Bestimmung der anfechtungsberechtigten Person durchwegs davon aus, daß die Anfechtung den vollständigen Zusammenbruch der angefochtenen Verfügung zur Folge hat. Ich theile diesen Standpunkt nicht: denn nach Maßgabe meines § a kann im Wege der Anfechtung möglicherweise auch durchgesetzt werden, daß eine in die solennisierte Erklärung gegen den Willen des Erblassers aufgenommene Bedingung zu entfallen hat, oder aber, daß in die als unbedingt sich darstellende Verfügung der wahren Absicht des Erblassers

---

[56] Vgl. den Wortlaut desselben schon oben unter V.
[57] Vgl. eine ähnliche Formulierung auch schon bei Zitelmann a. a. O., S. 197. Das von mir eingefügte Wort „rechtlich" (im Gegensatze zu factisch) ist selbstverständlich nicht bedeutungslos. Vgl. auch Bähr a. a. O., § 1610.

gemäß eine Bedingung inseriert wird. Die Entscheidung meines § b nimmt daher auch auf solche Fälle Rücksicht.

2. Bereits in den Erörterungen unter V ist festgestellt worden, daß nach dem Recht des Entwurfes (vgl. insbesondere § 1782 mit § 1784) einerseits das jemandem zustehende Anfechtungsrecht weiter gehen kann, als sein Interesse an der Anfechtung reicht, und daß andererseits der Erfolg der Anfechtung jemandem zugute kommen kann, der nicht anfechtungsberechtigt ist. Am selben Orte wurde aber zugleich gezeigt, daß eine solche Gestaltung des Anfechtungsrechtes nothwendig zu Mißbräuchen führen muß; und ich halte es daher für einen Vorzug meiner Formulierung, daß sie solche Mißbräuche unmöglich macht.

Weiteres zur Rechtfertigung meines § b zu sagen, scheint mir überflüssig zu sein. Wohl aber glaube ich an dieser Stelle noch auf eine merkwürdige Complication aufmerksam machen zu sollen, welche sich infolge der Bestimmungen des Entwurfes über die „Erbunwürdigkeit" (vgl. §§ 2045 bis 2050) dann ergeben muß, wenn der zur Anfechtung einer letztwilligen Verfügung Berufene „erbunwürdig" ist. Beispiel: Die in einem Testamente vorgenommene Einsetzung des A zum Alleinerben unterliegt der Anfechtung, weil der Erblasser zu derselben durch widerrechtliche Drohung bestimmt worden ist, und als nach Maßgabe des § 1784 (bezw. meines § b) anfechtungsberechtigt erscheint der aus einem der Gründe des § 2045 erbunwürdige B. Wie gestaltet sich hier die Anfechtung und wie beschaffen ist das praktische Resultat? Mit Rücksicht auf § 2046 Entw.[58] muß als feststehend angenommen werden, daß die Erbunwürdigkeit

---

[58] „Die Anfechtung ist erst nach dem Anfalle zulässig."

des B die Ausübung des demselben in unserem Falle zustehenden Anfechtungsrechtes nicht im mindesten beeinträchtigt. Lediglich seine Sache ist es daher auch, endgiltig zu entscheiden, ob er von seinem Anfechtungsrecht Gebrauch machen will oder nicht. Trifft er diese Entscheidung im ersteren Sinne und bewirkt er durch seine Anfechtung, daß die Erbschaft ihm anfällt, so wird dann freilich ihm gegenüber der Rechtssatz praktisch: daß der Anfall an ihn von demjenigen (C), welcher Erbe sein würde, wenn der Erbunwürdige den Erblasser nicht überlebt hätte, durch Erhebung der Klage auf Erbunwürdigkeitserklärung angefochten werden kann (§§ 2046, 2047). Das Endresultat wird darnach also sein, daß die Erbschaft dem C zukommt. Dabei ist aber wohl zu berücksichtigen, daß C ein Anfechtungsrecht nur gegenüber dem erbunwürdigen B, nicht aber auch gegenüber dem A hat, und daß die Anfechtung gegenüber dem ersteren erst möglich und zulässig ist, nachdem B von dem lediglich ihm zustehenden Anfechtungsrecht gegenüber dem A Gebrauch gemacht hat. Ist B gut berathen, so wird er daher, statt die Einsetzung des A anzufechten, sich von diesem ein Abstandsgeld für die Nichtausübung seines Anfechtungsrechtes auszahlen lassen und so seine Erbunwürdigkeit auf Kosten des gänzlich durchfallenden C aufs beste fructificieren. Daß hier Abhilfe nöthig, ist klar, zugleich aber auch, daß dieselbe nur durch Vereinfachung der hier nicht weiter zu erörternden Bestimmungen über „Erbunwürdigkeit" erzielt werden kann.

VIII.

Hinsichtlich der Frist, innerhalb welcher eine anfechtbare letztwillige Verfügung anzufechten ist, bestimmt § 1785 Folgendes: Die Anfechtung muß binnen Jahresfrist erfolgen. Die Frist beginnt mit dem Zeitpunkte, in welchem der Anfechtungsberechtigte von den das Recht begründenden Thatsachen Kenntniß erlangt hat.

Die Frist zur Anfechtung beträgt dreißig Jahre von dem Zeitpunkte an, in welchem die letztwillige Verfügung verkündet worden ist, wenn nicht die Anfechtung in Gemäßheit des ersten Absatzes bereits früher ausgeschlossen ist.

Die Vorschriften des § 166 finden entsprechende Anwendung.[69]

In Betreff der Art der Anfechtung aber ist § 113 **erster**, bezw. § 114 **zweiter** Lesung maßgebend. Dieselbe hat darnach zu erfolgen „durch Erklärung gegenüber dem Anfechtungsgegner," d. h. gegenüber demjenigen, der auf Grund der angefochtenen letztwilligen Verfügung „unmittelbar einen rechtlichen Vortheil erlangt hat". Der Effect der in der eben angegebenen Weise und innerhalb der Frist des § 1785 erfolgten Anfechtung endlich besteht nach § 112 **erster**, bezw. § 113 **zweiter** Lesung darin, daß die betreffende Verfügung „in Ansehung der gewollten rechtlichen Wirkungen als nicht vorgenommen", bezw. „als von Anfang an nichtig" anzusehen ist.

Sich von dem Ineinandergreifen dieser innig zusammen-

---

[69] **Bähr** a. a. O. behält in seinem § 1611 den Wortlaut des § 1785 Commissionsentwurfs vollständig bei, und **Zitelmanns** Neufassung a. a. O., S. 197, enthält nur eine nebensächliche Änderung.

hängenden Bestimmungen eine klare Vorstellung zu bilden, ist nicht ganz leicht. Hat man eine solche aber einmal gewonnen, so erkennt man leider, daß § 1785 den einzigen Zweck, den er haben kann — enge zeitliche Begrenzung der Ungewißheit, ob und in welchem Umfange die Verfügung, um deren Anfechtung es sich handelt, als geltend, bezw. nicht geltend zu betrachten ist —, keineswegs erreicht, sondern vielmehr noch manche Schwierigkeiten schafft, die ohne ihn gar nicht vorhanden wären. Beweis dessen nachstehende Ausführungen:

1. Es sind zwei Erbprätendenten, A und B, da, von welchen vorläufig noch keiner die Erbschaft in Besitz genommen hat; A stützt sein Erbrecht auf eine letztwillige Verfügung, B, der sich beeilt hat, die letztere anzufechten, behauptet, gesetzlicher Erbe zu sein. Frage: Welcher der beiden Prätendenten ist befugt, die Erbschaft in Besitz zu nehmen? Wenn freilich durch die bloße Erklärung der Anfechtung auch schon endgiltig entschieden wäre, daß die Anfechtung mit Recht stattgefunden habe, so entstände keine Schwierigkeit: B wäre dann ausschließlich zur Besitzergreifung der Erbschaft berechtigt und, dafern A ihm darin zuvorgekommen, sogar in der Lage, gegen diesen nach § 2054 Entw. die Besitzklage anzustrengen. Allein thatsächlich verhält es sich ganz anders. Denn trotz der in der vorgeschriebenen Weise erfolgten Anfechtung bleibt es in aller Regel vorläufig noch ungewiß, ob ein gesetzlich anerkannter Anfechtungsgrund überhaupt vorhanden und erweislich, und nicht minder, ob der Anfechtende zur Anfechtung auch berechtigt ist. Abgesehen von dem nicht allzu häufigen Falle daher, wo der Anfechtungsgegner vor dem Anfechtenden sofort capituliert, ist durch die bloße Erklärung der Anfechtung noch gar

nichts erledigt. Was weiter geschieht, hängt wesentlich davon ab, welchem der beiden Prätendenten es vor dem andern gelingt, sich in den Erbschaftsbesitz zu setzen. Ist es der A, so muß B, um zum angestrebten Resultate zu gelangen, nachdem er vorher schon theoretisch angefochten hat, jetzt auch noch praktisch, d. h. mittelst Klage anfechten, wozu ihm während der vollen, vom Zeitpunkte der Besitzergreifung der Erbschaft durch den A an zu berechnenden dreißigjährigen Verjährungsfrist Zeit gegönnt ist. Läuft dagegen der B dem A den Vorrang ab, so steht letzterem wider den ersteren durch die ganze Verjährungszeit die sich darauf stützende Erbschaftsklage offen, daß die vorliegende letztwillige Verfügung vom B mit Unrecht angefochten worden ist.

Zu berücksichtigende weitere Möglichkeiten sind aber noch, daß A und B von der Erbschaft gleichzeitig Besitz ergreifen wollen [60] und sich hierbei in die Haare gerathen, oder daß jeder der beiden Prätendenten so gewissenhaft ist, sich bezüglich der Erbschaft insolange jeder Besitzhandlung zu enthalten, als sein Erbrecht nicht feststeht. Wie ist im ersten Falle der Conflict zu lösen, und welcher der beiden Prätendenten hat im zweiten Falle gegen den anderen klagend aufzutreten? Der Entwurf gibt auf diese Fragen keine Antwort.

2. Ist der Erbprätendent A schon im Besitze der Erbschaft, bevor B angefochten hat, so kann die seitens des letzteren nachträglich, aber innerhalb der Frist des § 1785 erfolgende Anfechtung den vom Anfechtenden angestrebten praktischen Erfolg nur dann haben, wenn A die Erbschaft freiwillig an B herausgibt. Sofern dies nicht geschieht, bleibt dem B wieder nichts

---

[60] Vgl. hiezu auch Jhering: Besitzwille, S. 497, 498, Note 1, und meine Ausführungen in Jhering's Jahrbüchern, Bd. XXXI, S. 65.

anderes übrig, als gegen den A klagend aufzutreten. Eine solche Klage aber ist nach dem Rechte des Entwurfes unter Umständen selbst im sechzigsten Jahre nach Verkündigung der anfechtbaren letztwilligen Verfügung noch möglich. Dies mag im ersten Augenblicke vielleicht als ganz unglaublich erscheinen, ergibt sich jedoch mit voller Sicherheit aus § 1785 in Verbindung mit § 165 zweiter Lesung. Die Sache verhält sich nämlich also: Wenn schon die Anfechtung einer letztwilligen Verfügung nach § 1785, Abs. 1, binnen einer, mit dem Zeitpunkte, in welchem der Anfechtungsberechtigte von den das Anfechtungsrecht begründenden Thatsachen Kenntnis erlangt hat, beginnenden Jahresfrist erfolgen muß, so können doch viele Jahre vergehen, bis der Anfechtungsberechtigte zur Kenntnis dieser Thatsachen wirklich gelangt. Mit Rücksicht hierauf setzt der zweite Absatz von § 1785 als äußerste zeitliche Grenze, über welche hinaus die Anfechtung nicht mehr statt hat, das dreißigste Jahr nach Verkündigung der betreffenden letztwilligen Verfügung. Denkt man sich nun die Anfechtung als im dreißigsten Jahre erfolgt, und muß der Anfechtungsberechtigte nach vorgenommener Anfechtung, um dieselbe praktisch durchzusetzen, gegen den Anfechtungsgegner auch noch klagen, so beginnt die Verjährung des einzuklagenden Anspruches nach § 165 zweiter Lesung erst mit dem Zeitpunkte, in welchem dieser Anspruch entstanden ist, das heißt aber in unserem Falle: mit dem Zeitpunkte der außergerichtlichen Anfechtungserklärung.[61] Da endlich die hier maßgebende regel-

---

[61] Die in dem — § 165 zweiter Lesung — correspondierenden § 158 erster Lesung vorkommende Bestimmung: „Ist die Entstehung eines Anspruches von dem bloßen Willen des Berechtigten abhängig, so

mäßige Verjährungsfrist dreißig Jahre beträgt (§ 162 zweiter Lesung), so erweist sich die oben aufgestellte Behauptung[62] als vollkommen richtig. Vermöge seines complicierten Anfechtungsmechanismus gelangt der Entwurf also in zahlreichen Fällen sogar dazu, den Zeitraum, innerhalb dessen sich entscheiden muß, ob eine anfechtbare letztwillige Verfügung als geltend oder nicht geltend zu betrachten ist, statt zu verkürzen, weit über das Maß der regelmäßigen dreißigjährigen Verjährungszeit hinaus zu verlängern.

3. Da nach § 113 zweiter Lesung schon die dem Anfechtungsgegner gegenüber erklärte, wenn auch noch nicht durchgesetzte Anfechtung zur Folge hat, daß die angefochtene letztwillige Verfügung als nichtig anzusehen ist, so kann B bei der im Eingange von Z. 2 bezeichneten Sachlage nach erfolgter Anfechtung neben der Erbschaftsklage gegen A ohne weiteres auch Vindicationen von Erbschaftsgegenständen, welche sich in Händen Dritter befinden, anstrengen, so daß dann die Frage, ob die Anfechtung eine begründete war oder nicht, auch in jedem dieser Processe zur Verhandlung kommt und in denselben möglicherweise eine andere Entscheidung findet, als im Processe gegen den Anfechtungsgegner.[63] Das civil-processualische Institut der Hauptintervention reicht offenbar nicht aus und ist auch zu schwerfällig, um die eben bezeichnete Calamität hintanzuhalten.

---

beginnt die Verjährung mit dem Zeitpunkte, in welchem der Anspruch zur Entstehung gebracht werden konnte" — wurde bei der zweiten Lesung gestrichen.

[62] Bei derselben wurde übrigens auf Hemmungs- und Unterbrechungsgründe der Verjährung nicht einmal Rücksicht genommen.

[63] Vgl. hiezu auch die beherzigungswerten Ausführungen bei Dernburg, Pandekten, III, § 96.

4. Kommt die anfechtbare Erbeinsetzung, auf welche A
sich stützt, erst zum Vorschein, nachdem B den Erbschaftsbesitz
bereits erlangt hat, so darf letzterer nach dem Rechte des Entwurfes nicht zuwarten, bis A gegen ihn als Kläger auftritt,
sondern muß vielmehr, um seiner Anfechtungsbefugnis nicht ver-
lustig zu werden, innerhalb der Jahresfrist des § 1785 seine
Anfechtungserklärung an den Mann bringen, dabei aber doch
immer gewärtig sein, daß A sich der Anfechtung nicht fügt,
sondern wider ihn mit der Erbschaftsklage und daneben vielleicht
auch noch mit Vindicationen gegen Drittbesitzer von Erbschafts-
sachen auftritt.

5. Handelt es sich um eine anfechtbare Vermächtnis-
verfügung, so muß offenbar unterschieden werden, ob der
Anfechtungsberechtigte noch vor oder erst nach der Entrichtung
des Vermächtnisses zur Kenntnis des Anfechtungsgrundes gelangt. Im ersteren Falle kann derselbe durch seine Anfechtungserklärung zwar nicht hindern, daß er auf Entrichtung des
Vermächtnisses geklagt wird, darf aber trotzdem die außergerichtliche Erklärung der Anfechtung nicht versäumen; denn
andernfalls könnte es leicht geschehen, daß der Vermächtnisnehmer mit der Einklagung des Vermächtnisses absichtlich solange zögert, bis die Frist des § 1785 bereits verstrichen und
einredeweise Geltendmachung des Anfechtungsrechtes somit nicht
mehr möglich ist. Im zweiten Falle führt die innerhalb der
Frist des § 1785 vom Anfechtungsberechtigten erklärte Anfechtung nur dann zum Ziele, wenn der Anfechtungsgegner so
gütig ist, den empfangenen Vermächtnisgegenstand, eventuell
dessen Wert freiwillig zurückzustellen. Ist der Vermächtnisnehmer hiezu nicht bereit, so muß der Anfechtungsberechtigte

wie bei der unter 3. 2 bezeichneten Sachlage der Anfechtungs=
erklärung die Klage⁶⁴ folgen lassen, zu deren Anstrengung ihm
dreißig Jahre vom Zeitpunkte der Entstehung des Rückforderungs=
anspruches, d. i. also vom Zeitpunkte der außergerichtlichen
Anfechtung an offen stehen. Wie lange es darnach dauern
kann, bis der Anfechtungsstreit zum Austrage kommt, ist schon
unter 3. 2 genauer ausgeführt worden.

6. Die Vornahme des dem Anfechtungsberechtigten auf=
erlegten Anfechtungsactes gestaltet sich besonders schwerfällig und
kostspielig, wenn demselben die Person des Anfechtungsgegners
unbekannt, oder der letztere unbekannten Aufenthaltes ist.

7. In den nach Vornahme des außergerichtlichen An=
fechtungsactes sich regelmäßig erst noch abspielenden Processen
kann möglicherweise bestritten werden, daß die Anfechtung
überhaupt oder rechtzeitig erfolgt, oder daß die zwar abgegebene
Anfechtungserklärung dem Anfechtungsgegner auch zugekommen
ist, oder daß letzterer zur Zeit dieses Zukommens geschäftsfähig
war, und hängt dann von dem Gelingen oder Mißlingen des
Beweises über diese Punkte der Ausfall des Processes ab. Dies
muß aber als umso unbilliger empfunden werden, je proble=
matischer der Wert des ganzen Anfechtungsformalismus ist.

8. Zu ganz speciellen Bedenken gibt endlich noch der

---

⁶⁴ Die Motive (vgl. besonders V, S. 49 unten) vertreten die Ansicht, daß bereits entrichtete Vermächtnisgegenstände im Falle erfolgreicher
Anfechtung des Vermächtnisses mit dinglicher Klage zurückgefordert
werden können. Dies ist aber offenbar unrichtig; denn die Anfechtung be=
wirkt nach dem Rechte des Entwurfes nur, daß die angefochtene letztwillige
Verfügung „als nicht vorgenommen" („nichtig") anzusehen ist, bezieht sich
aber durchaus nicht auf den infolge der anfechtbaren Verfügung vorge=
nommenen Traditions-, bezw. Auflassungsact.

zweite Absatz von § 1785 Veranlassung, laut dessen die Frist zur Anfechtung niemals mehr als dreißig Jahre von dem Zeitpunkte an betragen kann, in welchem die anzufechtende letztwillige Verfügung verkündet worden ist.

a) Hiebei ist nämlich, wie schon Zitelmann[65] mit Recht bemerkt hat, übersehen, daß es Fälle gibt, in welchen die der Anfechtung unterliegende Verfügung überhaupt nicht verkündet wird, so z. B., wenn es sich um eine anfechtbare Durchstreichung handelt. Zitelmann schlägt mit Rücksicht hierauf vor, es solle die dreißigjährige Anfechtungsfrist in allen Fällen vom Zeitpunkte der Annahme der Erbschaft im Sinne des § 2029 Entw. zu laufen beginnen. Ganz abgesehen aber davon, daß dieser Vorschlag an den principiellen Mängeln des erbrechtlichen Anfechtungsrechtes nicht das Geringste bessern würde, führt er überdies noch zu offenbar ganz ungerechten Resultaten. Beispiel: Eine auf ganz zweifellosem Irrthume im Motiv beruhende Nacherbenernennung wird erst dreißig Jahre, nachdem der Vorerbe die Erbschaft angenommen hat, producirt. Nach Zitelmann könnte hier der Nacherbe bei Eintritt des Nacherbfalles ohne weiteres Herausgabe der Erbschaft begehren und wäre dem Vorerben[66] jede Möglichkeit zur Anfechtung abgeschnitten.

b) Hat der Erblasser jemanden z. B. unter der Voraussetzung zum Erben eingesetzt, daß derselbe eine bestimmte Handlung nicht vornimmt, so ist es dem eingesetzten Erben nach § 1781 in Verbindung mit § 1785, Abs. 2, völlig un-

---

[65] Vgl. denselben a. a. O., S. 51.
[66] Es wird hier vorausgesetzt, daß derselbe noch lebt; vgl. § 1813 des Entwurfes.

schädlich), wenn er der vom Erblasser erklärten Voraussetzung im einunddreißigsten Jahre nach der Verkündigung des Testamentes zuwiderhandelt. Warum dies so sein soll, bleibt unverständlich.

IX.

Die unter VIII constatierten Mängel des Entwurfes lassen sich meines Erachtens nur durch zwei tiefgreifende Änderungen beheben. Die eine derselben betrifft die Fürsorge des Nachlaßgerichtes (vgl. §§ 2058 ff.), die andere das gänzliche Aufgeben des complicierten Anfechtungsmechanismus.[67]

1. Ich halte es zunächst für unbedingt nothwendig, daß bei allen Erbfällen ein amtliches Verfahren stattfindet, welches bei Vorhandensein eines, auch nur einigermaßen erheblichen Vermögens durch die Ausfertigung eines Erbscheines seinen Abschluß findet.[68] Sind Erbprätendenten mit widerstreitenden Erbansprüchen da, so hat das Nachlaßgericht nach Einvernehmung der Parteien zu bestimmen, welcher der Prätendenten gegen den andern als Kläger aufzutreten und innerhalb welcher Frist dies bei sonstigem Eintritte gewisser Präclusionsfolgen zu geschehen habe, und dann dem Sieger den Erbschein zu erfolgen. Für die Zwischenzeit ist je nach Umständen, entweder ein Verlassenschaftspfleger zur Verwaltung der Erbschaft zu bestellen, oder wohl auch einer der Erbprätendenten in den provisorischen Erbbesitz einzuweisen und entsprechend zu legitimieren.

[67] Vgl. auch Pfersche a. a. O., S. 95, Note 15.
[68] Vgl. hiezu auch Bährs Vorschläge a. a. O., besonders dessen §§ 1835 ff.

Auch nach Ausfolgung des Erbscheines darf aber Bestreitung des Erbrechtes des Immitierten nicht gänzlich ausgeschlossen sein, sie muß vielmehr zum mindesten demjenigen noch offen gehalten werden, welcher außer Stande war, sich im Vorverfahren rechtzeitig zu melden.

2. Stellt sich eine Gesetzgebung auf den unter Z. 1 dargelegten Standpunkt und läßt sie zugleich alle überflüssigen Complicationen des erbrechtlichen Anfechtungsrechtes fallen, so gestaltet sich die Anfechtung einer Erbeinsetzung, bezw. des Widerrufes einer solchen (aus den Gründen meines § a) folgendermaßen.

In aller Regel werden alle Erbprätendenten, welche an dem Bestande, bezw. Nichtbestande der betreffenden Verfügung interessiert sind, sich schon im Vorverfahren melden, und erledigen sich dann die aufgeworfenen Anfechtungsfragen in der unter Z. 1 angegebenen Weise. Sollte aber ausnahmsweise einmal die Anfechtung einer Erbeinsetzung, oder des Widerrufes einer solchen erst praktisch werden, nachdem der Erbschein an einen Erbprätendenten bereits ausgefolgt ist, so würde dem letzteren und nur ihm die Beklagtenrolle zufallen. Dabei wären aber wieder zwei Fälle zu unterscheiden. Zunächst der, wo der als Kläger Auftretende sich auf eine anfechtbare Verfügung stützt. Hier bleibt es einfach dem Beklagten überlassen, die vom Kläger geltend gemachte Verfügung excipiendo anzufechten, ohne daß die ganz zwecklose außergerichtliche Anfechtungserklärung vorauszugehen brauchte. Sollte dagegen ein später auftretender Erbprätendent gewillt sein, diejenige Verfügung anzufechten, auf Grundlage welcher dem Erbschaftsbesitzer der Erbschein ausgefertigt worden war, so ist durchaus nicht zu begreifen, warum die Anstellung der Klage auf Herausgabe der Erbschaft in solchem Falle durch längere Zeit zulässig sein soll, als wenn Kläger geltend machen würde, daß die Erbeinsetzung, auf welche sich Beklagter stützt, eine nichtige sei. Im letzteren Falle stände dem Kläger lediglich die dreißigjährige Verjährungsfrist offen, während in den Anfechtungsfällen nach dem Recht des Entwurfes neben der dreißigjährigen, erst vom Zeitpunkt der Anfechtung an zu berechnenden Verjährungsfrist auch noch die möglicherweise gleichfalls dreißig Jahre betragende Anfechtungsfrist in Betracht kommt. Ich schlage deshalb vor, in den hieher gehörigen Fällen von einer präclusivischen Anfechtungsfrist gänzlich abzusehen, dafür aber die Verjährung [69] der aus der Anfechtung sich ergebenden Ansprüche schon mit dem Zeitpunkte beginnen zu lassen, in welchem die Erhebung der Anfechtungsklage rechtlich möglich war. [70]

3. Bei anfechtbaren, noch nicht entrichteten Vermächtnissen genügt es vollkommen, wenn dem Onerierten exceptionsweise Anfechtung vorbehalten bleibt, und bei bereits entrichteten, wenn der Anfechtungsberechtigte — dafern nicht etwa schon

---

[69] Dabei könnte immerhin noch in Erwägung gezogen werden, ob nicht eine kürzere als die regelmäßige Verjährungsfrist zu bestimmen sei. Die hiemit aufgeworfene Frage läßt sich jedoch nicht isoliert, sondern nur im Zusammenhange mit der Verjährung der erbrechtlichen Ansprüche überhaupt lösen.

[70] Die Motive I, S. 221, bemerken: „Die Anfechtungsbefugnis ist kein Anspruch und unterliegt demgemäß nicht der — (dem Entwurfe allein bekannten Anspruchs-) — Verjährung." Dies ist richtig, allein ebenso richtig ist, daß in den im Texte hervorgehobenen Fällen aus der Anfechtung Ansprüche hervorgehen, welche mit der Anfechtungsklage unter einem geltend gemacht werden. Ist aber solche Geltendmachung durch bereits eingetretene Verjährung ausgeschlossen, so entfällt damit ganz von selbst auch die Möglichkeit wirksamer Anfechtung.

in der Entrichtung des Vermächtnisses Verzicht auf die An=
fechtung gelegen war — das Gegebene innerhalb der nach Z. 2
(am Ende) zu berechnenden Verjährungsfrist zurückfordern kann.

4. Die von mir vorgeschlagene Vereinfachung [71] des erb=
rechtlichen [72] Anfechtungsrechtes hebt den Unterschied zwischen
anfechtbaren und nichtigen letztwilligen Verfügungen nicht auf.
Derselbe tritt nämlich — auch bei Wegfall des Anfechtungs=
formalismus — doch noch immer zunächst darin hervor, daß
Nichtigkeit von amtswegen zu berücksichtigen ist, Anfechtbarkeit
nur, wenn sie von dem Anfechtungsberechtigten geltend gemacht
wird, [73] sodann aber auch darin, daß eine anfechtbare letzt=
willige Verfügung vollwirksam wird, wenn der Erblasser sie
unter Beobachtung der für letztwillige Verfügungen vorge=
schriebenen Form [74] bestätigt, während für nichtige Verfügungen
ein Gleiches nicht gilt. [75]

5. In Consequenz der vorstehenden Ausführungen wäre

[71] Sie scheint sich mir umsomehr zu empfehlen, je zweifelhafter es
oft ist, ob es sich um einen wirklichen Anfechtungsfall, oder nicht vielmehr
um eine — abgesehen von aller Anfechtung — sich ergebende Interpre-
tationsfrage handelt.

[72] Darüber, daß es weder geboten noch zweckmäßig ist, alle wie
immer gearteten civilrechtlichen Anfechtungsfälle nach derselben Schablone
zu behandeln, vgl. Dernburg, Pandekten, I, § 120, unter Z. 2.

[73] Vgl. Dernburg a. a. O.

[74] In diesem Sinne glaube ich auch Dernburg a. a. O., III,
§ 80, a. E., verstehen zu sollen. Die Bestimmung des § 113, Abs. 3,
erster, bezw. des § 115 zweiter Lesung gehört nicht hieher; vgl. darüber die Ausführungen im Texte unter X.

[75] Der Unterschied zwischen der Bestätigung einer anfechtbaren und
einer nichtigen letztwilligen Verfügung besteht darin, daß die bestätigende
Verfügung im ersten Falle den Inhalt der bestätigten nicht zu wiederholen braucht, wohl aber im zweiten. Vgl. auch § 110 erster und zweiter
Lesung.

§ 1785 jedenfalls zu streichen. Bezüglich der außerdem noch an anderen Stellen des Entwurfes vorzunehmenden Änderungen können Formulierungsvorschläge hier aus dem Grunde nicht gemacht werden, weil es sich dabei um Gebiete handelt, welche einer besonderen Bearbeitung bedürfen.

X.

Schon im Vorhergehenden hat sich wiederholt Gelegenheit ergeben, die eigenthümliche[76] Bestimmung des § 1786:

Die Anfechtung ist ausgeschlossen, wenn der Erblasser die letztwillige Verfügung im Falle der Anfechtbarkeit wegen Drohung nach Beseitigung der Zwangslage, im Falle der Anfechtbarkeit wegen eines anderen Grundes, nachdem er von dem letzteren Kenntnis erlangt hat, aufzuheben unterlassen hat, und seit jenem Zeitpunkte bis zum Tode des Erblassers ein Jahr verstrichen ist. Beginn und Lauf der Frist ist gehemmt, solange der Erblasser außer Stande ist, die Verfügung aufzuheben —

in die Erörterung einzubeziehen; eingehende Besprechung und abschließende Beurtheilung kann sie erst jetzt finden.

Was sich zu ihren Gunsten bestenfalls sagen läßt, ist oben S. 31 bereits hervorgehoben worden. Ein für sich allein

---

[76] Gierke: Der Entwurf und das deutsche Recht, S. 510, 511, bemerkt kurz und zutreffend, daß die Vorschrift des § 1786 sowohl mit dem geltenden Rechte, wie mit den wirklichen Lebensbedürfnissen in Widerspruch steht. Vgl. ferner Bähr, der a. a. O., S. 354, constatiert, daß er Bedenken getragen habe, den § 1786 Entw. in seinen Gegenentwurf aufzunehmen. Die übrigen Gutachter finden gegen § 1786 nichts einzuwenden.

schon durchschlagendes Bedenken gegen dieselbe ergibt sich aber meines Erachtens schon daraus, daß ihr zufolge etwas als letztwillige Verfügung gelten soll, was in der zur Errichtung solcher Verfügungen vorgeschriebenen Form rechtsgiltig niemals erklärt worden ist; denn zur Zeit, als diese Form erfüllt wurde, fehlte es an dem zu wirksamer Erklärung erforderlichen Willen, und zur Zeit, in welche § 1786 die von ihm für entscheidend gehaltene Willensbestimmung verlegt, gebricht es an jeder Erklärung in solenner Form.

Selbst die Motive (V, S. 59) scheinen dies höchst auffallend zu finden, erheben sich aber dann zu folgender Declaration: „Allein der Entwurf beruht auf der Auffassung, daß Anfechtung und Genehmigung des anfechtbaren Rechtsgeschäftes, selbst wenn sie auf formbedürftige Rechtsgeschäfte sich beziehen, formfrei sind. Vgl. zu den §§ 113 und 127, Motive zum allg. Th., S. 220, 221, 247. Es wird daher zulässig sein müssen, durch positive Vorschrift einem gewissen passiven Verhalten des Erblassers die Wirkung einer stillschweigenden Genehmigung beizulegen."

Diese Motivierung ist ebenso seltsam als unbefriedigend. Statt zwingender praktischer Argumente für die angestrebte Einführung einer tief einschneidenden Neuerung — denn um eine solche handelt es sich — enthält sie nur die Berufung auf im allgemeinen Theil des Entwurfes in Betreff der Anfechtung und Genehmigung angenommene Rechtssätze, und operiert mit den letzteren noch dazu so unglücklich, als wenn sie es geradezu darauf abgesehen hätte, dieselben zu compromittieren. Es sei mir erlaubt, diesen Tadel genauer zu begründen.

Da letztwillige Verfügungen den Verfügenden selbst unter

allen Umständen nicht binden, sondern von diesem jederzeit widerrufen werden können, für dritte Personen aber erst nach des Erblassers Tode von rechtlicher Relevanz sind, so kann bei letztwilligen Verfügungen correcter Weise von Anfechtung nur insofern die Rede sein, als nach dem Tode des Erblassers gewisse Interessenten als anfechtungsberechtigt erscheinen, niemals aber in dem Sinne, daß der Erblasser selbst anfechtungsberechtigt wäre. Obschon die Redactoren dies nicht völlig verkannt haben,[77] so verfielen sie doch bei der Formulierung und Motivierung des § 1786 in den eben erwähnten Irrthum.[78] Hier wie dort finden wir nämlich den Gesichtspunkt zur Geltung gebracht, daß eine anfechtbare letztwillige Verfügung als vollwirksam zu behandeln sei, dafern es der Erblasser innerhalb eines (utiliter zu berechnenden) Jahres vom Zeitpunkte der Errichtung versäumt habe, dieselbe „anzufechten", und daß den Erbinteressenten nach dem Tode des Erblassers daher auch eine Anfechtung nur dann zustehe, wenn das Anfechtungsrecht des Erblassers selbst im Zeitpunkte des Todes noch nicht erloschen gewesen sei. Auf die sich hieraus wieder ergebende Frage aber, wie sich denn die „Anfechtung" der mangelhaften Verfügung durch den Erblasser gestalte, geben die Motive (a. a. O., S. 59) allen Ernstes die Antwort, daß der innerhalb der einjährigen Frist des § 1786 durch den Erblasser erfolgende Widerruf den Charakter der „Anfechtung" habe.

---

[77] Vgl. Motive V, S. 48.
[78] Denselben Fehler begeht Zitelmann a. a. O., S. 195, in seiner Neufassung des § 1781, wenn er daselbst auf letztwillige Verfügungen auch seinen neugefaßten § 103 („Der Erklärende kann die Willenserklärung anfechten, wenn er widerrechtlich durch Zwang oder arglistige Täuschung zu ihr bestimmt war") für anwendbar erklärt.

In Consequenz dieser Behandlungsweise befindet sich somit der Erblasser gegenüber einer wegen eines Willensmangels anfechtbaren letztwilligen Verfügung wesentlich in derselben Lage, wie gegenüber einer vollgiltigen. Denn will er verhindern, daß jene zur Geltung gelange, so muß er darauf bedacht sein, sie sobald als möglich zu widerrufen, und damit ganz dasselbe thun, was er bezüglich einer vollgiltigen letztwilligen Erklärung zu thun hat und jederzeit thun kann, wenn sie seinem gegenwärtigen Willen nicht mehr entspricht. Gerade in dieser Gleichstellung der mit wesentlichen Mängeln behafteten und der vollgiltigen letztwilligen Erklärungen aber liegt der handgreifliche Fehler. Hat nämlich der Erblasser eine vollgiltige Verfügung nicht widerrufen, so ist es geradezu selbstverständlich, daß es bei derselben zu verbleiben hat; schwer begreiflich ist dagegen, daß eine mit wesentlichen Mängeln behaftete letztwillige Verfügung schon deshalb allein als vollgiltig behandelt werden soll, weil sie durch eine bestimmte Zeit nach ihrer Errichtung unwiderrufen geblieben ist.

Vergeblich recurrieren die Motive zur Rechtfertigung dieser Entscheidung auf den Gesichtspunkt der Genehmigung und gerathen, indem sie dies thun, abermals in Widerspruch mit sich selbst. Wenn die Redactoren des Entwurfes und die Verfasser der Motive schon allen Ernstes gemeint waren, im Falle der Errichtung einer anfechtbaren letztwilligen Verfügung auch den Erblasser selbst als anfechtungsberechtigt zu behandeln und den Widerruf der anfechtbaren Verfügung als Anfechtungsact zu betrachten, so hätten sie wenigstens consequent sein und im Sinne der im allgemeinen Theil des Entwurfes angenommenen Theorie der Anfechtung den Unterschied zwischen der Sanierung eines anfechtbaren Geschäftes durch Versäumung der Anfechtungsfrist einerseits und durch vor Ablauf dieser Frist erfolgende Genehmigung (Bestätigung) andererseits festhalten sollen. Von diesem Standpunkte aus hätte dann zum mindesten erkannt werden müssen, daß die Versäumung der als „Widerruf sich gestaltenden Anfechtung" (Motive V, S. 59) einer anfechtbaren letztwilligen Verfügung als wahre Genehmigung (Bestätigung) der letzteren ebensowenig qualificiert werden kann, als diese Qualificierung im Falle der innerhalb der Anfechtungsfrist unterbliebenen Anfechtung eines wegen widerrechtlicher Drohung oder Betruges anfechtbaren Vertrages zutreffend wäre. Die in den Motiven hiebei sich manifestierende Unklarheit wird übrigens noch dadurch vergrößert, daß dieselben die von ihnen selbst herbeigezogene Theorie der Genehmigung in den unmittelbar folgenden Zeilen halb und halb wieder verleugnen. Nachdem sie ausgeführt haben, daß es zulässig sein müsse, durch positive Vorschrift einem gewissen passiven Verhalten des Erblassers die Wirkung einer stillschweigenden Genehmigung beizulegen, fahren nämlich die Motive also fort: „Der Entwurf spricht **nicht von der Genehmigung**, obschon die vorgesehene **Verschweigung**(!) sich nur von dem Standpunkte **der Genehmigung erklärt**. Dies beruht auf der Erwägung, daß **die Hereinziehung der Genehmigung zu praktischen Übelständen führen kann.**" Bei der Begründung des § 1948 kommen dann die Motive (a. a. O., S. 323) abermals auf die Genehmigungsfrage zurück und äußern sich über dieselbe wie folgt: „Die Genehmigung der anfechtbaren letztwilligen Verfügung kommt deshalb nicht in Betracht, weil die letztwillige Verfügung schlechthin widerruflich bleibt, auch wenn sie genehmigt ist."

Was hat man darnach also von der Genehmigung (Bestätigung) einer anfechtbaren letztwilligen Verfügung durch den Erblasser wirklich zu halten? Ohne Zweifel ist eine solche Genehmigung (Bestätigung) in der Weise als möglich anzuerkennen, daß der Erblasser die anfechtbare Verfügung, nachdem er des Anfechtungsgrundes sich bewußt geworden ist, in der zur Errichtung letztwilliger Verfügungen vorgeschriebenen Form als seinem Willen entsprechend erklärt. Darf man aber darüber noch hinausgehen und vielleicht gar annehmen, daß die anfechtbare letztwillige Verfügung, abgesehen von dem — wie später noch genauer zu zeigen ist — nur angeblichen Genehmigungsfalle des § 1786, durch eine vom Erblasser vor Ablauf der Jahresfrist formlos, aber erweislich abgegebene Erklärung mit Wirksamkeit soll genehmigt werden können?[70] Trotz der vorhin angeführten Bemerkung der Motive ist die Frage keineswegs unpraktisch. Denn, wenn es auch wahr ist, daß solche Genehmigung an der Widerruflichkeit der Verfügung nichts ändern würde, so hätte sie, wenn als wirksam anerkannt, doch zur Folge, daß die letztere von den Erbinteressenten selbst dann nicht mehr angefochten werden könnte, wenn der Erblasser vor Ablauf der Jahresfrist gestorben wäre. Als sicher wird aber allerdings angenommen werden dürfen, daß die Möglichkeit einer so beschaffenen Genehmigung einer anfechtbaren letztwilligen Verfügung im Sinne des Entwurfes nicht gelegen ist. Denn in seinen auf anfechtbare letztwillige Verfügungen bezüglichen Bestimmungen vermeidet der Entwurf — und zwar, wie wir bereits aus den Motiven erfahren haben —

---

[70] Hiezu allerdings geneigt Bähr a. a. O., S. 354, in der Note.

absichtlich die „Hereinziehung der zu praktischen Übelständen führenden Genehmigung", und die Anwendung der allgemeinen Bestimmung des § 113 (Absatz 3) erster, bezw. des § 115 zweiter Lesung über die Genehmigung (Bestätigung) anfechtbarer Rechtsgeschäfte erscheint schon deshalb als ausgeschlossen, weil dieselbe lediglich von der Genehmigung (Bestätigung) seitens des „Anfechtungsberechtigten" redet, ein solcher aber bei anfechtbaren letztwilligen Verfügungen, solange der Erblasser lebt, noch gar nicht vorhanden ist.

Es bleibt also jetzt nur mehr der angebliche Genehmigungsfall des § 1786 übrig. Was von ihm zu halten ist, ergibt sich aus nachstehendem Beispiele: Nachdem ein Erblasser eine anfechtbare letztwillige Verfügung errichtet hat, faßt er den Entschluß, dieselbe zu widerrufen, verfehlt aber bei der Ausführung, ohne sich dessen bewußt zu werden, die nach § 1933 erforderliche Form und stirbt dann nach Ablauf der Jahresfrist des § 1786. Frage: Können die Interessenten die nicht rechtsgiltig widerrufene Verfügung anfechten? Nach § 1786 ist hierauf nur verneinende Antwort möglich. Gewiß ist aber zugleich, daß diese unbefriedigende Entscheidung auch vom Standpunkte der in den Motiven für maßgebend erklärten stillschweigenden Genehmigung durchaus nicht gerechtfertigt werden kann. Denn ein Erblasser, welcher den Entschluß des Widerrufes faßt, diesen Entschluß auch ausführt, hiebei aber einen von ihm nicht bemerkten Formfehler begeht, hat doch sicherlich den Genehmigungswillen nicht.

Nicht minder instructiv für die Beurtheilung des § 1786 ist übrigens auch der umgekehrte Fall, wo der Urheber der anfechtbaren Verfügung den Genehmigungswillen ganz unzweifelhaft hatte und dadurch zum Ausdruck brachte, daß er jene in einer **innerhalb** der Jahresfrist errichteten, aber formell mangelhaften zweiten Verfügung als seinem Willen entsprechend erklärte. Trotzdem kommt nach § 1786 alles nur darauf an, ob der Erblasser vor oder nach Ablauf der Jahresfrist stirbt. Tritt **jenes** ein, so können die Interessenten die erste Verfügung anfechten, ohne daß ihnen hiebei die formell mangelhafte Genehmigung im Wege stände. Bei **dieser** Eventualität dagegen erscheint, obwohl die Beschaffenheit des erblasserischen Genehmigungswillens ganz dieselbe bleibt, die Anfechtung ausgeschlossen. Abermals ist also evident, daß die in den Motiven versuchte Rechtfertigung des § 1786 jedes Haltes entbehrt und auf durchaus unrichtigen Voraussetzungen beruht.

Zu einem noch viel härteren Urtheile sieht man sich jedoch gedrängt, sobald man die Verwirrung gewahr wird, welche die Bestimmung des § 1786 bei Constellationen im Gefolge hat, wo in Frage steht, wie eine anfechtbare letztwillige Verfügung auf eine frühere vollgiltige desselben Erblassers einwirkt. Beispiel: Ein Testator, der in seinem **ersten** vollgiltig errichteten Testamente den A zum Erben eingesetzt hatte, errichtet später, bestimmt durch widerrechtliche Drohung oder durch Irrthum im Beweggrund, ein **zweites** — unwiderrufen gebliebenes — Testament, laut dessen B sein Erbe sein soll. Einige Zeit darauf, und zwar noch **innerhalb** der Jahresfrist des § 1786, stirbt der B,[80] und dann, jedoch erst **nach** Ablauf dieser Frist, stirbt auch der Erblasser. Frage: Kann hier A noch mit Erfolg geltend machen, daß das seine Ein-

---

[80] Vgl. hiezu § 1936 (Schlußsatz).

setzung enthaltende **erste** Testament durch das **zweite** anfechtbare Testament nicht aufgehoben sei und somit noch aufrecht bestehe? Nach § 1786 offenbar nicht; denn ihm zufolge ist die Anfechtung der anfechtbar gewesenen Verfügung überhaupt und somit auch der Aufhebungswirkung derselben ausgeschlossen, wenn der Erblasser die Jahresfrist verstreichen ließ, ohne die Verfügung aufgehoben zu haben. Und dies trifft in unserem Falle genau zu. Daß der Erblasser das von ihm errichtete anfechtbare Testament, selbst nachdem es destitut geworden war, noch hätte aufheben sollen, um es der aufhebenden Kraft gegenüber dem früheren Testamente zu entkleiden, ist freilich eine der seltsamsten Zumuthungen, welche von einem Gesetzgeber jemals ersonnen worden ist.[81] Sed lex ita scripta est.

Die von den Redactoren frei erfundene Convalescenz anfechtbarer letztwilliger Verfügungen durch „Verschweigung" im Sinne des § 1786 stellt sich somit nach allen Seiten hin als unbrauchbar und fehlerhaft heraus und muß vollständig fallen gelassen werden.

[81] Ähnliche Verwirrung tritt auch in folgendem Falle ein: Nachdem ein Erblasser eine von ihm errichtete giltige letztwillige Verfügung in anfechtbarer Weise widerrufen hatte, widerruft er, um der Vorschrift des § 1786 zu genügen, den Widerruf. Frage: Ist jetzt die ursprüngliche Verfügung als wirksam zu betrachten? Man ist geneigt, bejahend zu antworten. Allein § 1933, Abs. 2, bestimmt: „Eine widerrufene letztwillige Verfügung wird dadurch nicht wieder hergestellt, daß der Widerruf derselben widerrufen wird." Woran soll sich also der Erblasser halten? Versäumt er den Widerruf des anfechtbaren Widerrufs, so wird der letztere mit Ablauf der Jahresfrist des § 1786 unanfechtbar, nimmt er aber den Widerruf vor, so greift Absatz 2 von § 1933 ein. Incidit in Scyllam, qui vult vitare Charybdin.